Dall'altra parte dell'oceano

Vincenzo Berghella

Copyright Page

Copyright year: 2009

Copyright notice: by Vincenzo Berghella

All rights reserved

ISBN No: 978-0-578-13713-1

Dello stesso autore:

- **Obstetric Evidence Based Guidelines.** Informa Healthcare, London, UK, and New York, USA (2007) [English]
- **Maternal Fetal Evidence Based Guidelines.** Informa Healthcare, London, UK, and New York, USA (2007) [English]
- **Laughter, the best medicine. Jokes for everyone.** (2007) [English]
- **Ridere, la migliore medicina. Barzellette per bambini.** (2007) [Italiano]
- **My favorite quotes.** (2009) [English]
- **In medio stat virtus – Citazioni d'autore.** (2009) [Italiano]
- **Quello che di voi vive in me.** (2009) [Italiano]
- **Dall'altra parte dell'oceano.** (2009) [Italiano] [Translated in: **On the other side of the ocean.** (2013) [English]
- **Preterm Birth: Prevention and Management.** Wiley-Blackwell. Oxford, United Kingdom. (2010) [English]
- **From father to son.** (2010) [English]
- **Sollazzi.** (2010) [Italiano]

- **The land of religions.** (2011) [English] [Translated in: **La terra delle religioni.** (2013) [Italiano]
- **Giramondo.** (2011) [Italiano]
- **Obstetric Evidence Based Guidelines.** Informa Healthcare, London, UK, and New York, USA (2012; Second Edition) [English]
- **Maternal Fetal Evidence Based Guidelines.** Informa Healthcare, London, UK, and New York, USA (2012; Second Edition) [English]
- **Trip to London.** (2012) [English]
- **Il primo amore non si scorda mai**. (2012) [Italiano]
- **Maldives.** (2013) [English]
- **Russia.** (2013) [English]
- **Happiness: the scientific path to achieving well-being** (2014) [English]

Indice

9	Introduzione
13	Un ragazzo italiano come gli altri. O no?
17	L'ami américain
18	La vacanza in America
27	La decisione
29	Il college americano e la scuola italiana
31	Meritocrazia
35	Impegno
39	La lontananza
42	Una signora ad una festa
44	Saudade
54	Manhattanville College
76	L'iscrizione a Medicina
81	The harder I work, the luckier I get
83	Le ragazze americane
90	Jefferson Medical School
113	Residency: New York University Downtown Hospital
122	Harvard
127	Perché l'America? Perché non l'Italia?
131	L'Italia imbrogliona
136	L'Italia 'allineata'
138	Il calcio
142	Etica di vita
157	L'Italia che non stimo
162	I tanti problemi americani
173	Le particolarità 'Made in USA'
177	Perché vi scrivo
186	The best of both worlds

A tutti i giovani che hanno voglia di fare

Introduzione

"Tu vuoi andare a Washington, ma che ci vai a fare, laggiù?" Ve la ricordate questa canzone di Lucio Dalla? Sono nato e cresciuto per quasi 20 anni in Italia, e mi sento più italiano di te. E vivo da più di 25 anni negli United States of America. Qui ho il secondo passaporto, e pago le tasse. Ci sono arrivato per caso? Per destino? Certo nessuno mi ha spinto ad andarci.

Questa è la storia di un viaggio dall'altra parte dell'oceano, un oceano enorme. Oceano che ora fa parte del mio io. Vi racconto le mie impressioni sulle differenze tra i due paesi. La patria del sole, della dolce vita, del tempo libero, di tante godurie. E quella del progresso, del lavoro, dell'impegno, della supremazia.

Ho cercato di essere quanto più obbiettivo possibile. Mostrandovi i difetti dell'America, come dell'Italia, e le virtù di entrambe. In fondo sono uno scienziato, ho scritto libri sulla medicina basata sull'evidenza, e anche in questo libro mi sono sforzato di essere il più imparziale possibile. Anche se il mio amore per entrambe le sponde dell'oceano è difficile da dissimulare.

Questo amore è dentro di me, che sono illustre Professore universitario da una parte (USA) e rimasto uno spensierato vacanziere da spiaggia dall'altra (ITALIA). Scrivo Italia tutto maiuscolo perché è altrettanto grande, per me.

L'importante è pensare con la propria testa, ed essere consapevoli del bello e del brutto di entrambe queste nazioni. Non so se penserete, dopo aver letto il libro, che le critico entrambe. O che sono troppo parziale nel mio amore per loro. Io per indole sono un ottimista e un positivo. Sono felice su entrambe le sponde dell'oceano, sia in USA che in Italia.

Che ci metti dentro ad un tramonto? Se sei scontento di te stesso e della tua vita, anche un bellissimo tramonto può essere triste. Il tramonto è bello per quello che di nostro ci mettiamo dentro, per i pensieri che ci vengono mentre ne guardiamo i colori.

Quindi non è importante dove sei quando guardi il tramonto. Vi assicuro che è bello sia sul Tirreno che sul Pacifico, sia sugli Appennini che sugli Appalachi. Godetevelo.

Vincenzo Berghella

Un ragazzo italiano come altri. O no?

"Il futuro appartiene a coloro che credono nella bellezza dei loro sogni"
                                    Eleanor Roosevelt

"Come and go with me to that land
Come and go with me to that land
Where I'm bound.
There'll be freedom in that land
There'll be justice in that land
There'll be singing in that land
There is no kneeling in that land
Where I'm bound"

Mio figlio Pietro cantava a squarciagola questa canzone al recital finale della terza elementare a Philadelphia. Io ascoltavo. Sorridevo, meditavo. Andate su YouTube, e sentite la bellissima musica di "Come and go with me", by Clarence Quick. "Vieni qui e andiamo insieme alla terra dove sono destinato. Ci sarà libertà, ci sarà giustizia, si canterà, non ci si dovrà inginocchiare nella terra verso cui sto andando".

Il più alto della classe, un po' timido, con la sua polo arancione, è riconoscibilissimo tra i suoi compagni di classe. Non mi chiedevo come mai cantasse in inglese. Sono cresciuto italiano, e ora mi ritrovo anche americano, con 8 passaporti per noi 4 in famiglia: sia io che Paola (mia moglie) che Andrea (primogenito) che Pietro abbiamo sia il passaporto italiano che quello americano. Parliamo, scriviamo, sogniamo senza difficoltà sia in italiano che in inglese. L'America è la terra dei sogni di questa canzone.

Pensavo.

Perché?

Perché sono venuto a vivere negli Stati Uniti d'America? Quando sono partito avevo tutto quello che un ragazzo di 19 anni poteva desiderare. Una famiglia direi perfetta. Mia madre e mio padre una coppia affiatata e su cui poter contare. Una sorella che mi ha sempre adorato, una 'quasi gemella' molto più posata e matura di me, piena di qualità. Un fratello più piccolo che ho sempre adorato, e con cui non ho mai litigato. A scuola ero il primo della classe, ma non considerato un secchione. Avevo ottimi amici, con cui mi vedevo quotidianamente. Avevo una buona reputazione nel calcio, tennis, racchettoni, nuoto, ecc. C'era una ragazza, Annalisa, che mi aspettava a Bologna per poter diventare 'ragazzo' e 'ragazza'. Una ragazza splendida, bellissima, dagli occhi ammaliatori. A 16 anni ero talmente infatuato di lei che scrivevo il suo nome dappertutto, anche sui banchi, come non avevo prima e non ho fatto dopo per nessun' altra.

A Pescara avevo appena lasciato Carla, per non iniziare un rapporto 'long distance' che avrebbe fatto soffrire entrambi, e per non tradirla. Il mio futuro 'italiano' era segnato: iscritto a Chieti all'Università di Medicina. Sarei stato il 'figlio di Andrea', mio padre, rispettato ostetrico ginecologo, che mi avrebbe aiutato e con facilità trovato un posto di lavoro in ospedale. Uno dei miei amici, neanche uno dei più cari, mi scrisse che ero pazzo a lasciare tutto quello che avevo a Pescara, in Italia. Ad Annalisa, nel salotto dei suoi a Bologna, dissi uno dei 'no' più difficili da dire della mia vita, rifiutando le sue plateali avances.

Parlero' degli 'States' chiamadoli anche USA, o più spesso America, perché è così che in Italia ci riferiamo a questa terra desiderata, sognata. Non sopporto che gli statunitensi la chiamino così (America), rendendo lampante la solo indole imperialista. Comunque mi adeguo. Io non ero un filo-americano da piccolo. Il mio amico Antonio aveva il poster di Reagan, Tonino la foto di Brooke Shields, Marco P. i capelli alla James Dean, e Marco B. l'abbonamento a SuperBasket, che più che altro parlava di NBA.

Io no. Anzi, ero legatissimo alla mia famiglia, al Pescara calcio (andavo anche in trasferta), alla serie A e al mio Inter. L'inglese lo parlava meglio mia sorella (di 11 mesi più giovane), anche avendo fatto gli stessi viaggi in Inghilterra e le stesse lezioni d'inglese. Io ero portato per studiare altre materie scolastiche, non per le lingue.

Cosa sono andato a cercare quindi in America che non avevo in Italia? La serietà, l'onestà, soprattutto la meritocrazia. Vi racconto alcuni episodi, e capirete. A casa avevo papà che era un grandissimo lavoratore. Anche lui ostetrico-ginecologo, lavorava in un ospedale a circa 40 chilometri da Pescara, dove abitavamo noi. Spesso non tornava anche per una settimana intera, dovendo fare il turno in reparto. Aveva a che fare spesso con casi in cui il suo apporto poteva salvare vite, e doveva sacrificare la famiglia, che affidava a mamma. Papà ci raccontava spesso di episodi di corruzione, come quando i direttori dell'ospedale ordinavano un ecografo più costoso di quello che aveva chiesto lui per poterci fare una maggior mazzetta.

Ci ha raccontato di essere forzato ad accettare nel suo reparto una dottoressa totalmente incompetente, che aveva vinto un concorso truccato perché era parente del direttore generale. E che questa collega, quando era in reparto, metteva a repentaglio la vita dei pazienti. La sua impossibilità, anche avendo le prove della sua ignoranza e dabbenaggine, a mandarla in un posto dove almeno non potesse causare danni fatali. L'impossibilità di venire a lavorare a Pescara, perché non aveva abbastanza appoggi politici, e non voleva stare a certi giochi. Il fatto che avrebbe forse voluto fare la carriera universitaria, ma il suo professore, a Siena, era morto prima che papà avesse avuto la possibilità di accedere a dei concorsi. Il fatto che, senza questo appoggio del 'barone' (anche se lui non li chiamava così, era molto più gentile), non ci sarebbe stato verso, l'università era ormai una strada chiusa, solo un sogno.

Così quando, malgrado lui fosse contrario, dissi che volevo fare medicina, disse 'no' alla mia richiesta di iscrivermi a Bologna. Capii nei mesi successivi il suo ragionamento, che invece all'inizio presi come uno schiaffo al mio orgoglio e alle mie aspirazioni. A Chieti conosceva tutti. In un mondo che funziona solo a conoscenze, a raccomandazioni locali, lui avrebbe potuto aiutarmi. "Medicina sì, ma almeno figlio mio falla dove posso aiutarti a 'prender il posto'. Tanto, non è importante se sei bravo o no, conteranno solo i miei aiuti." Non me lo disse, ma fu questo il messaggio che recepii.

Incominciai a pensare: 'Io qui in Italia sarò sempre il figlio di Andrea'. Anche se mi impegnerò al massimo, i miei successi saranno interpretati così: "È il figlio di Andrea Berghella, ecco perché ha passato l'esame, ha preso il posto, è diventato primario" Io non ho niente contro mio padre, anzi. Il fatto che abbia intrapreso la stessa carriera, con lo stesso spirito di abnegazione, la stessa passione, la stessa onestà, testimonia che lo stimo forse più di chiunque altro. Ma il 'sistema' non mi andava bene. Non avevo piani su come uscire da questo destino di 'nepotismo'. Ma sono un uomo fortunato, e il destino mi venne incontro. Passò un treno, e ci saltai su.

L'ami américain

"Il mondo è un libro, e quelli che non viaggiano ne leggono una sola pagina"
                                                          Sant'Agostino

Nel 1982, a 18 anni, ero andato, insieme con Anna mia sorella, in Francia per un mese a studiare francese. A Parigi imparai un po' di francese all'Alliance Fracaise, feci il turista in una città incantevole, toccai per la prima volta il seno ad una ragazza. Io non ne avrei mai avuto il coraggio, ma me lo chiese lei. Eravamo, in pieno giorno, in una bella piazzetta parigina, di fronte ad una chiesa gotica. Lei aveva la camicetta larga – apposta? –, e insistette che gliele toccassi lì, mentre eravamo seduti su una panchina. Credo che non se ne accorse nessuno. Be', io sì, tantissimo!

Ma il fatto che cambiò la mia vita è che feci amicizia con un simpatico ragazzo americano, Jim. È lui 'l'ami américain.' Ancora ora non so se era gay, comunque stringemmo un bella amicizia, e lui mi disse se volevo andarlo a trovare a Los Angeles. Be', l'anno dopo, il 1983, dopo aver preso 60/60 alla maturità classica al Gabriele D'Annunzio di Pescara, i miei mi regalarono il viaggio in America. Non avevo idea che questo incontro casuale, questa piccola decisione, mi avrebbero cambiato completamente la vita. E delle due strade che avevo di fronte, senz'altro scelsi la meno comune, la più affascinante per me.

La vacanza in America

"Tra vent'anni, sarai scontento più di quello che non hai fatto che di tutto quello che hai fatto. Quindi, tira su l'ancora. Salpa via dalla sicurezza del porto. Vai col vento."
Mark Twain

Jim, che si aspettava che stessi da lui una settimana o due, si vide arrivare un ragazzotto italiano il cui volo di ritorno era 6 settimane dopo! Passai un 10 giorni con Jim, vicino a Los Angeles, nel deserto di Indio, nell'entroterra del sud della California. Un caldo secco da 35-40 gradi. La nostra dimora era il villone, isolatissimo nel deserto, del boss presso cui Jim lavorava. Gestivano centinaia di ettari di coltivazioni, soprattutto arance e limoni. Io passavo qualche minuto in piscina, ma il caldo, anche per un negrone come me, era intollerabile. Il sole bruciava la pelle. Quindi trascorrevo ore a guardare le centinaia di canali in tv. Nell'84 in Italia c'erano 2 canali nazionali, e pochi canali locali. Qui 24 ore su 24 tutti i canali mostravano un mondo a me sconosciuto.

In full-immersion con l'inglese, ricordo che una notte mi svegliai tutto sudato. Mi sentivo come un alieno, non sentivo più di essere io dentro il mio corpo. Avevo per la prima volta sognato in inglese! Il mio cervello stava cambiando, non lo riconoscevo. Stavo diventando un altro, già dopo solo pochi giorni in California? Ma ero quasi stupito: chi era quest''altro' che sognava in inglese dentro di me?

Mi portarono nelle campagne sterminate con la Jeep enorme del boss. Era un tipico americano del Far West, biondo occhi azzurri, un po' avventuriero, con i 'boots' stivaloni. Lavoravano per lui centinaia di immigrati messicani, che raccoglievano gli agrumi. C'era stata una specie di alluvione, insolita per il deserto di queste parti, e i sentieri sterrati erano canyon profondi 1 o 2 metri, dove la Jeep, con le ruote alte un metro, e un altro metro ancora più su le sospensioni, rischiava lo stesso di cappottare, mentre il boss guidava come fosse in autostrada, veloce e sereno.

Vidi le migliaia di alberi di arance. Tutte grandi, perfette, sbrillucicanti al sole, splendenti. L'alluvione ne aveva buttate un po' a terra, ma ce n'erano ancora miliardi sulle migliaia di alberi, una distesa sconfinata che finiva solo alle falde della Sierra lontana. I messicani e le messicane lavoravano felici, cantando.

Ora capisco il cosiddetto paradosso messicano. Parecchi studi hanno comparato l'incidenza di malattie, tra cui quella cardiaca o il parto pretermine, tra due tipi di popolazioni messicane che vivono negli USA. Una, formata da uomini che, come questi, parlano spagnolo, mangiano messicano, vivono come fossero in Messico, e sono probabilmente tutti illegali. L'altra, i messicani che si sono integrati alla popolazione americana, ne hanno il passaporto, ne hanno assorbito di più modi, usi, costumi, dieta, usanze.

Sapete chi di queste popolazioni, con identico DNA, ha più problemi di salute? Quelli 'integrati' e legali. Ne parlo sempre quando faccio lezione sul parto pretermine, ma ancora non so spiegare bene il perché di questo paradosso.

Con Jim e il boss andammo anche a Coronado Island. Un'isola meravigliosa parte del golfo di San Diego. All'Hotel Del Coronado, io notai subito che quello era un posto per me quasi familiare. Nel 1956, ci avevano girato il mio film preferito. 'A qualcuno piace caldo', con Marilyn Monroe, Jack Lemmon, e Tony Curtis. C'erano dappertutto poster del film. Camminai sulla spiaggia dove Tony Curtis, ovvero "Jacqueline', vestito da Mr Shell, adescava Marilyn. Sull'enorme bagnasciuga, la sabbia è dorata, e brilla al sole. Sembra di camminare su polvere d'oro. Ero in un film, in un sogno.

Jim mi fece conoscere anche un mucchio di suoi amici di Los Angeles. Con loro andammo a Las Vegas, circa 8-10 ore di macchina. A Las Vegas divenni amico di una simpatica bruna americana, con quei sorrisi gai ed enormi che solo le americane hanno. Aveva mille denti bianchissimi, incorniciati da labbra rosso fuoco di rossetto, e sconfinate. Rideva sempre. La maggior parte delle volte, dato il mio inglese traballante, io non capivo perché.

Mi invito' a stare a casa sua, dove aveva un solo letto e dormimmo insieme. Era simpatica, mi trattava bene, ma forse si aspettava in cambio che avessi dormito di meno.

Un giorno finimmo in prigione. In effetti ci finì lei, io aspettavo fuori. Eravamo io e lei nella sua macchina. Una di quelle enormi macchine americane lunghissime, con un divano di fronte invece che due posti, squadrate, rettangolari davanti e di dietro. Come le disegnavo io a 10 anni.

Ad un certo punto sento un rumore conosciuto. Vedo lei, credo si chiamasse Betsy, che guarda lo specchietto retrovisore. Non ha il solito sorriso stampato sul viso. Mi giro, e vedo i familiari colori rosso e blu della macchina della polizia, con la sirena di Starsky ed Hutch che si avvicina ai nostri timpani.

Potevamo andare a 30 all'ora, eravamo senz'altro nei limiti lì al centro di Beverly Hills. Il poliziotto, tipo grosso con gli occhiali da sole, arriva al finestrino di Betsy. Sembrava uscito da 'Beverly Hills Cops, the movie'. Betsy gli tira un sorrisone rosso che abbaglia. Non è però lo stesso sorriso che fa a me. Dopo una breve parlatina, in cui io capisco solo 'Hello', il poliziotto torna alla sua macchina. Betsy riaccende, e ripartiamo. Ok, tutto a posto, penso io.

Ma Betsy non sorride più, e guarda lo specchietto. Io mi giro. La macchina ci sta seguendo. Anzi, scortando al commissariato di Beverly Hills. Proprio quello dei film con Eddie Murphy. Betsy, calmissima, mi spiega. La macchina non è registrata, insomma non è immatricolata, non ha il bollo, è illegale. Arrivati nella patria dei poliziotti, il commissariato, e consegnata la macchina, lei parla ad un finestrino con un altro energumeno. Io sono dietro di lei, che cerco di capirci qualcosa.

"Vogliono $120 di multa, io non ce li ho." "Io neanche", le dico sconsolato. Nell'83 i cellulari non c'erano neanche ad LA. Chiama dal telefono pubblico a muro alcuni amici. I poliziotti la mettono dentro! Dietro le sbarre, in una cella credo temporanea. Io la aspetto fuori, seduto. Per un tempo interminabile, sarà stata un'oretta, aspettiamo che arrivi un'amica coi $120. È l'episodio della mia vita in cui mi sono sentito più vicino alla prigione, anche se dalla sedia fuori dalla cella di Betsy vedevo il Pacifico.

Dopo qualche giorno, mi trasferii da una sua amica, Anne Cuordileone, una bionda alta e magra, occhi blu. Tutta questa comitiva aveva almeno 4-5 anni più di me, cioè circa 23-24 anni, e erano certo più 'scafati' di me. Anne era più intraprendente di Betsy. A casa di Anne persi la verginità, diventai uomo, sesso ma zero amore, tutto il contrario di quello che avevo sperimentato fino a quel punto della mia vita. Dopo, mi feci la doccia tentando di lavarmi da uno sporco che sentivo addosso, ma che non c'era. Ricordo che, quando in tarda mattinata uscimmo al sole abbagliante di Los Angeles, mi fece impressione come non volessi tenerle la mano. E che neanche lei lo pretendeva.

A Los Angeles comprai per curiosità il 'Barrons', un librone enciclopedico con tutti i colleges d'America e i requisiti d'ammissione, costi, eccetera. Per curiosità. Nell'appartamento di Corona del Mar di Anne mi ero rifugiato a dormine in balcone, su un lettino da mare. Sul balcone della Cuordileone lo sfogliavo, sognando. Migliaia di colleges. Non sapevo ci sarebbe stato anche il mio.

Uno dei giorni soliti di sole accecante di Los Angeles, chiamai da una cabina telefonica Carla, che era a Pescara. Parlandole, in italiano, una lingua che non avevo usato quasi mai negli USA, mi pareva di parlare da un altro pianeta. O, piuttosto, mi sembrava di essere veramente arrivato in terra, e che fosse Carla quella che viveva in un altro pianeta. Il pianeta Italia, per me in quel momento così lontano. Si ricordano tante cose nella vita. Dei sorrisi, dei profumi, delle mangiate, delle risate. Di quel momento ricordo la sensazione di essere quasi diventato un altro, di vivere un'altra vita, e che la vita precedente fosse passata. Non vedevo futuro dall'altra parte della cornetta. I miei orizzonti si erano allargati, immensamente.

Giorni dopo venne la telefonata di papà. Ecco ancora il destino. Aveva fatto un'isterectomia alla mamma di un italo-americano, che viveva a Greenwich, in Connecticut, vicino New York. Papà, come al solito breve al telefono, mi fa: "Vuoi andare una settimana a New York?" "Certo!" fu la mia risposta ad una domanda che era direi retorica. Sarei andato lì l'ultima delle mie 6 settimane americane.

Un altro episodio che ricordo bene è che, su consiglio di Jim, comprai un biglietto per vedere i Rolling Stones all'enorme stadio di Pasadena. Fu un'avventura solo arrivarci. Bus con soli ispanici e neri. Lunghe camminate a piedi in posti dove nessun altro cammina. Nei quartieri più poveri di LA. A Los Angeles ci si sposta solo in macchina. Ma io non l'avevo. Ancora ora mi domando se sia stato meglio così, essere ignaro dei pericoli a cui quegli spostamenti mi esponevano forse mi ha protetto. Lo stadio contiene più di 100.000 posti. Ma eravamo molti di più perché migliaia erano sull'erba dello stadio. Come me. Ricordo vagamente che il tutto incominciò verso le 6 di pomeriggio. Ancora tanto caldo.

C'erano gruppi fantastici come i Dire Straits che facevano da apri-concerto. Io ero a non più di 30 metri dal palco enorme. Solissimo, in mezzo alla folla. Ora mi rendo conto che probabilmente ero il solo a non essere drogato. Eravamo strettissimi. Quelle situazioni in cui non puoi cadere. E quasi ti senti sollevato dalle spalle e i corpi sudati dei vicini. Odori che non conoscevo. Di droghe a me sconosciute. Ero impreparatissimo.

L'episodio che mi è rimasto più in mente è che, al caldo, stretto tra la gente, avevo caldo, sudavo. A un certo momento passano una bottiglia di plastica, mi fanno cenno che ne posso bere. Penso sia acqua, o al massimo un qualche juice. La gola brucia dalla sete. Afferro sopra le teste degli altri la bottiglia. Ne prendo un bel sorso, a faringe spalancata, data la mia voglia di liquidi. La gola, ora veramente prende fuoco! Per un attimo mi gira la testa, non mi capacito di quello che ho bevuto, ma sorrido come gli altri e passo la bottiglia ad un altro sconosciuto vicino a me.

Un altro attimo, e mi rendo conto. Ho appena preso a stomaco vuoto e in piena deidratazione un sorso di whiskey. La mia impreparazione a questo evento, a questi eventi, è abissale. Dopo 10-15 minuti di frenetica azione della mia idrosilasi alcolica, riesco a rimettere a fuoco il palcoscenico e si estingue il bruciore nella mia gola.

Ragazzi, a farvela breve, ho resistito nella bolgia festeggiante e sudaticcia, appiccicata a me, simile a tanti marziani, fino a circa le 9 e 30 di sera. Non ce l'ho fatta neanche ad aspettare che iniziasse il vero concerto, quello dei Rolling Stones, che iniziava alle 10. Ero sfatto. Mi ricordo poi solo il senso di libertà una volta fuori dalle mura dello stadio. Anche se buio, lontano da casa e anche lontano da dove avrei dormito quella sera, l'avevo scampata anche questa volta. Da allora, non sono più andato a grossi concerti americani.

Oramai girata in lungo e in largo la 'città degli angeli', mi organizzai per un viaggetto sulla US1 (la stupenda autostrada costiera) verso San Francisco. Parte del viaggio lo feci con un romano conosciuto sull'areo. Mai più visto o sentito.

La visita alla casa di Hearst, il magnate dell'editoria americana del 20° secolo, fu indimenticabile. 43 camere solo per gli ospiti. Tavolo da ricevimento etrusco, con centinaia di piatti di origine greca e romana. Si dice che nel 900 andasse a passare mesi in Europa, ritornando con il suo enorme yatch carico di tesori. Le piscine erano fatte tutte con materiale di almeno 2.000 anni, in stile greco-romano.

Clark Gable, Marilyn Monroe, Cary Grant, Rita Hayworth, tutti i grandi divi di Hollywood degli anni 50 e 60 erano venuti a passare le vacanze nella villa del proprietario della Metro Goldwyn Mayer. Quella del leone che ruggisce. Aveva riportato interi templi greci in California. Intorno a questo enorme complesso di bellezze di tutti i secoli e di tutto il mondo, aveva lo zoo con più animali esotici del mondo, lasciati liberi sulle colline di fronte all'enorme Pacifico. Ve lo immaginate, in piscina olimpionica azzurra circondata da colonnate doriche autentiche, con Rita Hayworth e

Marylyn in piscina, elefanti e zebre e mille altri animali che girano tutt'intorno, e il famoso tramonto sul Pacifico? Sognare non costa niente, provateci.

    Come in molti momenti della mia vita, quella sera sentii il grande bisogno di scrivere. Non essendo Hearst, e non avendo dimora ad Hearst Castle, andai a vedere il tramonto su uno scoglio, sul mare. L'oceano, seppur calmo, aveva una forza inaudita quando si sbatteva contro le rocce della costa californiana. Io, isolato sulla mia roccia a picco sul mare, godevo. Scrissi molto, a mamma. Avevo tanto dentro, e la penna me ne liberò. Mi sentii leggero e felice dopo, quasi come dopo un atto sessuale. Mi sembrava di aver scritto delle cose bellissime.

    Un mese dopo, al mio ritorno a Pescara, fui molto sorpreso quando mia sorella mi disse: "Ma cosa hai scritto a mamma per farla preoccupare così tanto?" Io avevo scritto della vita, dell'amore, della felicità, della bellezza del viaggiare, chissà di che cos'altro. Mamma forse non ritrovava il suo giovane adolescente in quelle righe. Ma la cosa che la preoccupò di più è che le avevo scritte su fogli di carta igienica e su carta contenente assorbenti, con la marca sopra. Non avevo nient'altro a disposizione nel motel, e non avrei mai immaginato che un dettaglio del genere avesse causato un mese di stress in famiglia. Punti di vista.

    Con poche decine di dollari in tasca, decisi di trovare il posto meno costoso per dormire. Avevo sentito parlare dei YMCA, originariamente chiamati Young Men's Christian Association, gli ostelli della gioventù americani. Quello che costava di meno era quello di Chinatown. Ricordo che pagai $14 a notte. Ma ne ebbi le conseguenze. Non ho mai dormito in un posto più sporco. Peli e sperma su tutte le lenzuola. Tre anni prima era stato scoperto il virus dell'AIDS, proprio lì a San Francisco. Io, e quasi tutto il mondo, ancora non ne sapevamo granché. Vissi di mele, dormendo per terra, dove sembrava meno disgustoso, sui miei vestiti. Ah, gioventù. Passai comunque dei giorni indimenticabili in quella città di saliscendi.

Tornai brevemente a LA, poi via verso New York. Tony Di Paolo mi ospitò a Greenwich, in Connecticut, a quei tempi la seconda città più ricca degli stati uniti dopo Beverly Hills. Tony era ed è innamorato del sogno americano. Che per lui è diventato realtà. Dal niente, è uno dei più ricchi, prestigiosi, benvoluti costruttori di questa affluentissima cittadina. Il suo lavoro sodo, onesto, corretto e ben fatto veniva pagato miliardi di lire, che però lui riceveva in milioni e milioni di verdoni.

Da Greenwich, dove stetti una settimana, andai spesso a New York, chiamata dagli americani New York City, per distinguerla dallo stato con lo stesso nome. Prendevo il treno come fanno ogni giorno alcuni milioni di pendolari, e in 45 minuti ero a Gran Central Station. All'incrocio tra la 42a e la 5a strada, nel cuore di Manhattan. Avevo la cartina, ma non un itinerario. Volevo scoprirla a sorpresa.

Ricordo che a caso girai a sinistra sulla 5a, e continuai a camminare. Dopo poco, incominciai a fotografare un grattacielo altissimo, di più di 100 piani, a punta come una matita, risplendente al sole. Era talmente alto, che feci due foto, una della metà alla base, una della metà più verso la punta, che non finiva mai.

Avvicinandomi, diveniva sempre più grande. Finalmente arrivai ad un punto in cui non potevo più guardarlo senza andare a sbattere, perché il mio collo puntava il mio viso a 90 gradi dal mio corpo, completamente verso il cielo. Quasi cadevo all'indietro. Riabbassai lo sguardo, fino alla pensilina blu dell'edificio. C'era scritto "Empire State Building".

Da quel momento il mio grande amore per New York City, e Manhattan in particolare, ha sempre continuato ad ardere forte. La 5a strada, l' Upper East side, il Lower east side, Greenwich Village, Soho, Alphabet City, la strada lungo l'East side, Central Park, Chinatown, Little Italy, tutti gli ospedali, e le università di medicina, sono casa mia.

Ma il momento chiave, 'il giorno che cambiò la mia vita', fu quando Tony, il figlio di quella signora a cui mio padre aveva fatto l'isterectomia, si offrì di farmi vedere un college americano, lì vicino a casa.

Il Manhattanville College era un sogno. Distese di verde. Un castello al centro. Abitazioni co-ed (con dentro sia ragazzi che ragazze) per studenti. Ricordo fui colpito dal fatto che c'erano 6 bellissimi campi da tennis, vuoti, disponibili. Come il campo da calcio, coperto da un perfetto manto erboso. Tutto era perfettamente organizzato, la biblioteca, le aule, i dormitori, la 'cafeteria'.

Passammo dall'edificio principale, appunto un castello sia dentro che fuori reminiscente dell'Europa del medioevo anglosassone più che dell'america moderna. Lì c'erano gli uffici dell'amministrazione. Su un tavolo, c'erano opuscoli, brochures, tanti fogli e foglietti. Presi delle brochures per la scuola d'inglese. Notai anche un pacchetto rosso con fogli rilegati, bianchi, su cui c'era scritto "Application to Manhattanville College".

Certo non mi accorsi che quel movimento di allungare la mano e prendere dei fogli di quel piccolo college mi avrebbero cambiato completamente la vita. Ma così fu. Quella gitarella, quella visita al finto castello, quel gesto del braccio, cambiarono la mia vita. Passò un treno, e ci saltai su. Quasi senza accorgermene.

La decisione

"La strada si divide in due, e io ho preso quella meno frequentata"

Tornato in Italia, mi iscrissi come da programma a medicina a Chieti. Non c'erano esami d'ammissione, ero uno di centinaia di iscritti, uno dei tanti. Le lezioni non sarebbero iniziate che fino a novembre (1983). Cosa avrei fatto quei due mesi di settembre e ottobre, una volta finiti i miei 10-15 bagni al giorno nel mio amatissimo Mar Adriatico? Avevo sulla scrivania il Barrons con l'elenco dei colleges americani, e i documenti del Manhattanville College. Cosa avrei potuto fare per andare almeno un po' di tempo lì?

Studiai quei fogli così difficili da decifrare, senza nessun aiuto. Capii che avrei dovuto fare come prima cosa un esame d'inglese, per vedere che tipo di classi d'inglese avrei dovuto frequentare nel college. Non c'era ancora internet, e ottenere informazioni non era facile come in questo ventunesimo millennio.

Così andai a Roma, ricordo c'erano mia madre e mia sorella. Andammo all'ambasciata americana a Roma. Un edificio immenso, sulla strada più famosa di Roma, via Veneto. Anche lì non ricevemmo molte informazioni orali, ma mi sbizzarrii a raccogliere qualsiasi materiale mi capitasse sotto gli occhi che avesse a che fare con lo studiare in America.

Mi ricordo - come fosse adesso - il momento che trovai un foglio giallo, stampato su un'unica pagina, dove c'era scritto, in inglese e in italiano, che gli studenti italiani che avevano ottenuto la maturità dopo 5 anni di liceo avevano diritto a un anno di 'crediti' di college. Questo poteva significare completare il college in 3 invece che in 4 anni. E scoprimmo dove fare il test d'inglese, lo stesso che mi avrebbero fatto a Manhattanville. Si chiamava il TOEFL, il Test Of English as a Foreign Language.

Io e mia sorella Anna lo andammo a fare Roma, un giorno grigio d'autunno. Miracolosamente (per me, non per mia sorella più brava con l'inglese), fummo promossi. Destino.

Scrissi al Manhattanville College, che mi rispose che quindi non dovevo fare corsi d'inglese, potevo direttamente frequentare lezioni normali, come tutti gli altri studenti. Innanzittutto ero incredulo che mi avessero risposto. Fare corsi di college con gli americani. Un 'challenge' che mi attirava, anche se mi faceva paura. Ma certamente mille volte più 'challenging' che andare ad ammassare aule di medicina a Chieti dove sarei stato uno dei tanti, anzi tantissimi. Uguale agli altri, un pecorame.

Tornati a casa a Pescara, mi informai su quel che sarebbe successo a Chieti, e capii che magari potevo andare in America a gennaio 1984, per 4-5 mesi almeno, visto che gli esami a medicina non ci sarebbero stati fino a maggio 1984. Iniziai a frequentare a Chieti a fine novembre, scocciato che le lezioni iniziavano così tardi. Nell'aula non c'entravamo neanche. Tutti ti trattavano male, dalla segreteria al bidello. In laboratorio non ci si poteva andare, o bisognava farsi raccomandare, spingere, imporsi anche solo per guardare in un microscopio. Le lezioni erano poche, svogliate, difficili da sentire in quella bolgia di centinaia di studenti.

Ne parlammo molto a casa, con mamma e papà. Splendide riunioni famigliari, democratiche. Loro erano presi anche dalla decisione di mandare la figlia femmina, mia sorella Anna, altrettanto se non più talentuosa, a Roma, alla Luiss. Ci lasciarono scegliere, o almeno così fu la mia impressione.

Io decisi. Si parte per l'America. Non ho niente da perdere. Mi porto i libri di Fisica, Biologia, Chimica, ecc, farò quegli esami a Chieti a maggio, intanto se non altro perfeziono l'inglese in America. Scopro un mondo nuovo. Faccio un'esperienza unica. A Chieti non avevo grandi amici. Tonino avrebbe fatto giurisprudenza, come il padre. Antonello ingegneria, come il padre. Io partivo per l'America.

Il College americano e la scuola italiana

"Se senti che è sbagliato, non lo fare"

Mille volte, anni più tardi, mi hanno chiesto: "Ma come hai fatto? Sarà stato difficile?" Ad essere sincero, i primi tempi sono stati forse i più spensierati, i più divertenti, i più facili. Zero difficoltà, almeno per come ero fatto io. Forse è perché sono fatto per avere continuamente stimoli.

Avevo già imparato nei miei primi 19 anni che quello che soffro di più è la noia. Al liceo, una volta finiti i compiti, se non potevo andare a nuotare, giocare a pallone o a tennis, o non avevo più voglia di giocare a Subbuteo, mi veniva una noia mortale. Ricordo che camminavo per il corridoio di casa senza sapere cosa fare. Che brutti momenti. Io sono nato con la voglia di fare. Non posso stare fermo un attimo. Scoprii che l'America era per me.

Partii il 22 gennaio 1984. Atterrato a New York, c'era un freddo terribile, ghiaccio dappertutto, la temperatura sotto lo zero. Tony mi venne a prendere con una station wagon, che già faceva molto America. Papà gli aveva senz'altro detto che ora mi ci voleva un secondo padre, e Tony fu bravissimo nel ruolo. Io avevo bisogno solo di sentirmi le spalle coperte, e avere qualcuno da chiamare in caso di necessità. Papà mi rassicurava, mi mandava i soldi per pagare le altissime rette. Lui e mamma non parlano inglese, quindi si fidarono di me. Tony mi invitava a casa a mangiare la domenica. Ne ebbi sempre meno bisogno, malgrado la meravigliosa accoglienza e il trattamento da figlio. Lui è ricco, intelligente, e avrebbe fatto qualsiasi cosa se ne avessi avuto bisogno. Non ce ne fu.

Che esperienza il college. Ero abituato in Italia che il copiare era routine. Posso senz'altro dire che molti miei compagni sono stati promossi grazie alle versioni che hanno copiato da me, Pierluigi, o Iacovetti. Quello che lo ha fatto più spesso, e con più disinibizione, da adulto è stato in prigione, è finito sulle pagine dei giornali per frode, imbrogli. Non mi sorprende.

In Italia ti insegnano sin da piccolo a fregare. Chi non frega è stupido, non è scaltro, non arriverà mai da nessuna parte nella vita. Le versioni assegnate come compito a casa si copiavano davanti scuola, prima di entrare. Durante il compito in classe, chi dei tre più bravi della classe finiva prima la versione di latino o greco, o il problema di matematica, li portava al bagno, dove piano piano tutti gli altri sarebbero potuti andare a copiare. Oppure si metteva una copia arrotolata dentro una penna BIC, che si passava in classe, di fronte a tutti.

Ricordo che mio nonno, Vincenzo Tortorici, pensava che il nipote più grande, mio cugino Renato, non avrebbe fatto carriera perché era troppo buono. Non riuscivo a capire. Quando noi nipoti facevamo qualche marachella, ci chiamava 'lazzaroni', e ci riprendeva. Ma Renato, che sarebbe dovuto diventare un business man e prendere un giorno le redini della ditta del padre, doveva acquistare da adulto tutte i tratti della personalità che ne avrebbero fatto un manager di successo. Cioè fregare il prossimo, essere scaltro, giocare d'astuzia, badare più al denaro che all'onestà, ecc.

In questo andazzo, tutti si abituano a fregare. Non ricordo mai che qualcuno a scuola sia stato 'colto sul fatto', redarguito, punito. Anche io, quando le cose si fecero importanti, al compito d'italiano durante l'esame di maturità, portai come me parecchio materiale, nei pantaloni, nel dizionario, nascosto dappertutto. Se tutti copiavano, e io ero il migliore della classe, dovevo copiare dai libri, ma materiale eccellente. Presi 10 al compito di italiano, con i complimenti pubblici del professore. È l'unica volta nella mia vita in cui non mi vanto di un 10. Un 8 onesto sarebbe stato molto meglio. Ora chiaramente me ne vergogno. Ero diventato veramente italiano, un copione come gli altri. Ma se vedi cartacce per terra, non viene anche a te da buttarci anche la tua?

Meritocrazia

"L'impegno di combattere per la verità deve precedere tutti gli altri impegni"
Albert Einstein

In America, di cartacce per terra a Manhattanville non c'erano. Ricordo parecchi episodi che mi convinsero, presto, della serietà delle cose. Dell'onestà. Della meritocrazia.

Compito in classe in college. Nabil cerca di intravedere cosa c'è scritto sul mio foglio. Buttato fuori dalla classe.

Compito in classe a medicina. Una delle domande del test a 'multiple choices' è difficile. Alzo la testa e guardo avanti, nel vuoto verso la cattedra giù davanti, per concentrarmi, trovare tra i miei neuroni la risposta, la pagina del libro con l'informazione necessaria. Subito si alza uno dei professori presenti nell'aula silente, e viene vicino, camminando, guardando me e quelli vicino a me, scrutando se stavo tendando di copiare da qualcun altro.

In America non puoi neanche alzare lo sguardo dal foglio, figuriamoci barare. E volete sapere la cosa più stupefacente per noi italiani? Se freghi negli USA, non c'è bisogno che lo scopra il professore. Saranno gli stessi tuoi compagni a dirlo, a smascherarti.

Ogni volta che lo racconto in italiano, la maggior parte della gente storce la bocca, esclama: "Che spioni!" Be', io in questo comportamento ci vedo solo civiltà. C'è la mafia e l'omertà in alcune persone della Sicilia. Ma c'è omertà un po' in tutti gli italiani, tutti. Siamo cresciuti con il chiaro insegnamento di non riferire le malefatte altrui.

Un mio parente dice apertamente, durante un cena di Natale, davanti ad altri parenti e amici, che lui le tasse non le paga, su 5 clienti che ha ne 'dichiara' 1. Ecco cosa sentono (e imparano) i suoi figli, tutti i giovani intorno a lui. A scuola se io o un altro dei 'secchioni' non 'passavamo' la versione, eravamo ingiusti, egoisti, reprobi. E anche la nostra incolumità sarebbe stata in pericolo.

Ricordo che al liceo c'era spesso sciopero. Erano gli anni dal '78 all'83. Nel '78 ci fu anche la morte di Moro. Un giorno però lo sciopero si faceva per dei motivi futilissimi. Credo che i nostri rappresentanti avevano deciso che non faceva caldo abbastanza in classe. Io decisi di entrare lo stesso. Due ragazzi delle classi superiori, enormi, con delle catene in mano, la camicia nera, mi sbarrarono la strada. E quasi ce le presi.

Ma come, io voglio studiare, o lavorare, o essere onesto, e non posso farlo? La società italiana reputa gli onesti, i lavoratori, dei perdenti da schifare? Tutti vogliono lavorare poco, e cercare di gabbare lo stato o qualunque altro datore di lavoro, il più possibile. È possibile andare in pensione a 38 anni? Perfetto, per il resto vivo a sbafo.

Quando parli con un italiano, e gli chiedi come va, cosa ti risponde? "Ah, benissimo, la prossima settimana vado in vacanza, ho tutta quest'estate libera per andare al mare, ho preso il posto fisso e ora sono a posto per tutta la vita (anche se al lavoro non farò più o quasi niente)." Quasi implicando il gesto dell'ombrello, verso il nemico rappresentato da datore di lavoro, Stato, etc. Di cosa fa nella vita al lavoro, le aspirazioni, i sogni di carriera, non se ne fotte (scusate l'italiano) niente.

Quando parli con un americano, e gli chiedi, "Come va?", cosa ti risponde? "Benissimo, lavoro moltissimo, ho appena ricevuto un incarico importante, sarà impegnativo ma interessante, ..." E comprendi che è interessato alla sua attività professionale. La fa con passione seppur con le difficoltà che sempre ci sono. Sogna di far carriera, vuol divertare capo, far soldi, comprarsi la casa più grande, la macchina SUV, la casa al mare.

Quando lo racconto agli italiani, mi fanno: "Ah, poveri americani, pensano solamente al lavoro..." Io non sono d'accordo. Anche loro (gli americani – tra cui quindi anche io) amano le vacanze, il relax. Ma se li godono dopo che se li sono guadagnati con l'impegno, con il sudore. Io non ci provo niente di bello a passare 3 mesi spaparanzato al mare. Sì, passeggiate, leggere un bel libro, rivedere e scherzare con i vecchi amici. Ma non riesco a farlo per mesi interi. Non riesco a farlo se non lo accompagno con un impegno in qualcosa che possa essere utile agli altri, al prossimo che è in difficoltà, alla scienza in generale, alla medicina in particolare.

Ritorniamo al Manhattanville College, Spring Semester 1984. Altre dimostrazioni che qui le regole vengono rispettate. Consegno il foglio ufficiale dell'ambasciata americana su cui si dice che è possibile abbonarmi un anno di college perché ho fatto 5 anni di liceo invece che 4 di 'high school'. Nel giro di pochi giorni, meno di una settimana, mi danno un foglio ufficiale dove mi vengono dati 30 dei 120 'crediti' che mi ci vorrano a finire il college e conseguire il diploma, il Bachelor of Arts, diciamo come una laurea breve di oggi.

Dico subito che io sono lì in America perché il sogno ultimo è quello di studiare medicina negli States. Avevo già capito, dai miei studi su questa materia durante le vacanze del 1983, che per entrare a medicina bisogna prima fare il college, e durante il college i corsi di 'pre-medicina', o pre-med. Infatti il curriculum per diventare medico è 4 di high school (liceo), 4 di college, 4 di medicina. In Italia, 5 di liceo e 6 di medicina. Simile, mi dicevo. E quanti dei miei compagni rimasti a medicina in Italia avrebbero veramente finito in 6 anni medicina? Pochissimi, come al solito.

Quando faccio vedere alla responsabile dei corsi pre-med del college che uno dei corsi dell'ultimo anno di liceo (classico) è stato biologia, lei incomincia a pensare se magari devo iniziare questi corsi proprio dalla base, che in America è infatti biologia. Infatti per accedere agli altri corsi pre-med come biochimica, microbiologia, chimica, chimica organica, fisica ecc. bisogna prima essere promossi a biologia.

'Motor-mouth' Mary mi fa sedere in classe da solo, e fare lì per lì un esame scritto di biologia. Prendo 56, la promozione è 65. Davanti a me, mormora: "Il suo inglese non è perfetto, la biologia la sa, appena migliorerà il suo inglese farà molto meglio agli esami, ..." E mi promuove, dicendo che posso iscrivermi a Microbiologia! I miei genitori non parlano una parola d'inglese.

Né loro né Tony conoscevano persone al Manhattanville College. La mia soddisfazione è enorme, visto che ero partito con l'idea di studiare l'inglese...

Impegno

"Qualsiasi scopo è raggiungibile con un talento ordinario e una straordinaria perseveranza"
                                            Sir Thomas Fowell Buxton

Lezione di Microbiologia. La professoressa è 'motor-mouth Mary', cioè Mary dalla bocca a motore, per quanto parla veloce. E gli esami, sempre scritti, sono basati su quello che dice in classe. Compro il libro, che ho ancora, come tutte le migliaia di libri che ho mai comprato. Ma subito mi preparo a come farò ad andare bene agli esami se parla così veloce. Tutti i 10-15 della classe (non eravamo mai di più in quel numero nelle classi di pre-med) diventano scrivani, e, mentre lei parla a raffica, cerchiamo di prendere più appunti possibili. Io sono quello che ha scritto meno dopo ogni lezione. Come fare ad avere migliori appunti? Un'unica soluzione, non so quale raggio di genio mi illuminò.

Chiedo a 4-5 di quelli che mi sembrano i più svegli della classe se mi potevano prestare i loro appunti. Tutti risposero di sì con un sorriso, vedendo che chiaramente di aiuto ne avevo tanto bisogno. L'America è fatta di brave persone. Alla fine, riuscivo a mettere insieme il dettato alla sillaba di quello che aveva detto motor-mouth Mary. Fatto questo, studiavo quegli appunti fino ad averli assimilati, fotografati, memorizzati perfettamente. Sapete quanto presi al secondo esame? 99 su 100. Non ci potevo credere!

Qui era bello studiare, le regole erano semplici, il materiale importante e interessante, i compagni simpatici, onesti e disponibili. Quel semestre mi iscrissi a 4 corsi, contro il parere della mia professoressa 'mentrice', che pensava all'inizio fossero troppi. Sì, avevo anche una professoressa sempre a disposizione a cui chiedere qualsiasi aiuto, domanda, suggerimento su quali corsi fare, come studiare, ecc. I voti andavano dall' A (il massimo) all' F (bocciatura). Presi tre A e un B+. Un successone.

Esperienze del genere invogliano all'impegno, allo studio, al successo. Tornai in Italia a maggio, senza rendermi conto che già avevo deciso. Rimango in America a finire il college, tento di entrare a medicina. Paura di non entrare? Sì, ma neanche tanta, probabilmente per l'invicibilità che si prova a 20 anni. E quindi tornai negli USA subito a giugno, per frequentare i corsi estivi. I miei compagni americani a lavorare, era questa la loro prassi. Forse quelli ricchissimi, e stranieri, erano in vacanza, ma la stragrande maggioranza erano tornati vicino casa ed erano occupati a fare il bagnino, il cameriere, il baby sitter, o già qualche stage di lavoro.

Io avevo ora un anno (abbonato coi 30 credits iniziali) e mezzo (sudato) di crediti, e volevo cercare di completare i 2 anni e mezzo di crediti e studio che mi rimanevano in 2 anni. Così da finire a maggio dell'1986 il college con i miei coetanei, malgrado l'avessi iniziato con un anno e mezzo di ritardo. Visto che era già duro per me fare 4 corsi in un semestre, mentre gli americani spesso ne facevano 5, dovevo rifarmi d'estate. L'ultimo mio interesse, desiderio, quell'anno, era andare al mare a Pescara con gli amici, anche se forse in genere, e per tutti questi miei primi 45 anni, è uno dei miei desideri più forti e ricorrenti.

Così mi iscrissi a chimica organica, il corso più duro dei corsi Pre-med e di tutta l'università. Non scorderò mai il professore. Un Babbo Natale dalla barba bianca e i modi gentili. Un genio della chimica. Una mente limpida anche se sicuramente aveva passato i sessant'anni. Un signore della scienza. Studiavo come un pazzo, sempre chiedendo aiuto a lui e ai miei compagni. Vedete, quando si vede che qualcuno ha voglia d'imparare, gli si spalancano le porte. Gli si spiana la strada.

Sono sicuro che qualcuno dei miei compagni non avrà visto di buon grado il fatto che ero così bravo, anche essendo straniero e l'ultimo arrivato. Ora che lo scrivo, più di vent'anni dopo, è la prima volta che ci penso. Perché non me ne sono mai accorto. Non c'è stata mai rivalità tra di noi compagni. Spesso si lavorava come un team, si facevano gli esperimenti in laboratorio insieme. Eravamo così pochi, credo meno di 10.

Il professore ci conosceva benissimo, credo non avesse avuto bisogno neanche dell' esame per sapere il valore di tutti noi. Ci seguiva passo passo in laboratorio, dove dovevamo ricostruire molecole complicatissime partendo dall'acqua e dal carbonio, o 'smontarle' fino a farle ridiventare acqua e carbonio.

Come mi divertivo, era una matematica legata alla vita, alla salute, agli esseri viventi. Mi rendevo conto di essere bravo, di divertirmi in una disciplina che era di grande aiuto al prossimo, all'umanità, agli animali, alle piante. Riusci anche lì a spuntare un B+, il voto più alto della classe. Molti furono bocciati, troppo lavoro per un'estate così bella.

Molti anni dopo mi resi conto che Manhattanville non era proprio un buon college per cercare di entrare a medicina. Malgrado ci fossero circa 850 studenti, l'anno precedente, e molti altri anni precedentemente, nessuno dei 15-20 che mandavano domande di ammissione a medicina entrava. Lo scoprii solo una volta entrato. Quello era stato il college dove aveva studiato Rose Kennedy, la madre di John (Jack), Robert, ed Edward. Gli uomini erano stati ammessi solo di recente, malgrado la sua storia fosse centenaria.

Era un 'liberal art' college, cioè un instituto dove pittura, scultura, musica, e l'arte in generale la facevano da padrone. Non c'erano degli ottimi studenti. La ragazza che ebbi per più tempo, Beth, malgrado molto intelligente, si rifiutava di inscriversi a qualsiasi corso che iniziasse prima delle 10 di mattina. Troppo presto, doveva dormire. I miei migliori amici erano iscritti, come 'major', o indirizzo di studio, a Arte, Economia, Inglese. Io ero uno dei pochi a Pre-med.

L'importanza degli sport era qualcosa di cui ancora ora non mi capacito. Entrai a far parte dei teams di calcio e di tennis. Avevamo tornei continuamente, contro altri college della zona di New York. Mi ricordo che una volta una partita di calcio si sarebbe svolta nelle ore in cui dovevo fare un esame, credo di geologia. Con la mia mentalità italiana, dissi al coach che non sarei andato alla partita. Lo sentì un mio compagno. Quella settimana, dopo la lezione di geologia, la professoressa mi prese in disparte, e mi disse: "Ma che non ti piace il calcio? Perché non vai alla partita?" Pensavo all'inizio mi prendesse in giro. Lei invece era seria. Mi invogliò ad andare alla partita, dicendomi che avrei fatto l'esame il giorno dopo.

L'esame era scritto, e scoprii dopo che mi diede lo stesso identico esame che fecero i miei compagni il giorno prima. Quest'episodio mi insegnò tante lezioni: lo sport è importante; si può essere flessibili e accomodanti nella vita; puoi fare lo stesso esame il giorno dopo perché mai nessun compagno ti farà copiare. Quindi: fino a quando si tratta di aiuto onesto, come condividere gli appunti o i libri, tutto a posto. Ma nessuno mi avrebbe fatto copiare, mi avrebbe suggerito le domande del compito in classe. La professoressa, che neanche mi conosceva, non si sarebbe neanche aspettata che io chiedessi magari aiuto, un'idea, sulle domande ai miei compagni. Così fu che segnai alla partita e presi 'A' al compito, tutto da solo. O forse grazie a quel team meraviglioso che mi aiutava a crescere nel modo più giusto.

Cosa sarebbe successo se avessi chiesto al mio insegnante di greco a Pescara che non potevo venire al compito in classe perché dovevo andare a giocare a pallone? In Italia sembra un scherzo, in America è possibile, l'ho provato sulla mia pelle. Non è colpa neanche dell'insegnante di greco. Tutti si sarebbero offerti di suggerirmi le domande. L'insegnante avrebbe dovuto darmi una versione diversa. I genitori dei miei compagni si sarebbero lamentati in tutti i casi. "La stessa versione? È ingiusto, ha copiato! Una versione diversa? Era più facile, grazie che ha preso 8."

La lontananza

"Ci sono tre tipi di uomini: quelli che vivono davanti al mare, quelli che si spingono verso il mare, e quelli che dal mare riescono a tornare, vivi.
                                    Alessandro Baricco

Da mia sorella Anna, primavera 1984:
"*Billy carissimo,
vorrei scriverti qualcosa di più delle solite due righe perché ho tante cose da dirti. Ma se penso alla tua partenza, che da idea meravigliosa si è tramutata in realtà, mi viene un nodo alla gola che mi chiude il cervello e mi rende confusa. Come farò senza di te, tu, che più di chiunque altro sei sempre stato il mio punto di riferimento fisso, il mio silenzioso confessore, il più dolce degli amici, discreto ma rigido nelle critiche, tanto ma tanto di più di un fratello?
Giuro che da questa squallida camera romana, dalla mia università, ti penserò tantissimo e spero solamente di poterti immaginare felice e soddisfatto anche se lo studio sarà tanto e le difficoltà in ogni campo difficili da superare.
Ti prego solo di una cosa. Oltre ad essere sempre te stesso, con la tua personalità e la tua coerenza - ma so che non c'è bisogno di dirtelo - ti prego di non farti prendere dalla solitudine mai, perché sentirsi soli è il più micidiale dei sentimenti che ti distrugge psicologicamente e ti fa sentire la paura di affrontare il futuro che hai davanti, facendoti odiare il mondo e te stesso per le tue scelte forse idiote, forse affrettate.
Quando solo ti sfiora il pensiero che sei solo pensa a Pescara, al tuo mondo, ai tuoi amici veri, quelli con la A maiuscola, quelli che non ti dimenticano, alle tue donne, che ti hanno amato per quello che sei, ai tuoi genitori, che anche lacerandosi il cuore ti hanno sostenuto nelle tue ambizioni, insomma ai tuoi affetti che anche se lontani, dall'altra parte*

dell'oceano ti continuano ad amare con più forza, ti stimano e fanno il tifo per te.

E tra questi pensa anche a tua sorella, a quella pazza capretta montagnina che ti vuole troppo bene e che perde una fondamentale parte di sé con la tua partenza. Torna presto e vittorioso.
Anna"

Quando rileggo lettere del genere, mi viene un po' un groppo al cuore. Mia sorella mi chiamava Billy quando ero teenager in Italia. Chissà perché. Dopo 25 anni in America, l'anno scorso mia madre ha finalmente ammesso quello che sospettavo inconsciamente da sempre. Ogni viaggio di ritorno Roma-Pescara che lei e papà facevano dopo avermi accompagnato all'aereoporto, erano accompagnati dai pianti di mamma. Chiedeva a papà se pensava sarei mai tornato, e lui diceva: "No". Sono stato egoista, com'è nella mia natura, e credo nella natura dell'uomo.

Ecco un altro pensiero regalatomi da mia sorella:

Non pensare mai
  che sia difficile
pensa solo che può essere semplice
  se fatto in due
preoccupante se da solo.
  In bocca al lupo
   Annetta

In tutti questi 25 anni, ho spesso pensato alla possibilità di tornare. In particolare durante l'università di medicina, quando la mole di studio, più di 12 ore al giorno per 7 giorni alla settimana, mi sfiancava. Il Natale del 1987 ne parlammo in famiglia. Avevo quell'anno passato una meravigliosa estate in Italia. Ora in America affrontavo Anatomia patologica e Microbiologia.

Avevamo esami tutte le settimane. Stavo finendo il 3° anno negli USA.

Spesso racconto che una volta entrati nell'ingranaggio degli States, è difficile uscirne fuori. Una volta entrato a medicina, che è difficilissimo, ti senti come un treno, vai veloce, e non puoi o vuoi uscire da dei binari dritti, solidi, che senti ti possono portare all'infinito, o quanto meno alla tua meta.

Chi resta negli States solo qualche mese, o anche 1 o 2 anni, non se ne accorge. Ma dopo 2 o 3 anni, se ti sei impegnato, sei entrato nell'ingranaggio. È molto difficile scendere da quel treno che corre.

Una signora ad una festa

"La vita deve essere vissuta andando avanti, ma può essere compresa solo tornando indietro"
Soren Kierkegaard

Si impara tanto dagli altri. Uno dei discorsi sul tema USA-Italia che più mi sono rimasti impressi è quello fatto con la madre di Stefano Bini. Una signora bellissima, vestita da modella, alta, bionda con i capelli tirati indietro in modo perfetto. Occhi chiari, grandi, splendenti.

L'incontrai ad una festa 'Pasta al forno' di Stefano, suo figlio, di cui ero amico. Anche se lei era 20 anni meno giovane delle stupende ragazze profumate di gioventù che aveva invitato suo figlio, non sfigurava affatto. Sapevo già che suo marito, di Bologna, era diventato uno dei più famosi architetti di San Francisco.

Mi resi conto molti anni dopo che lei era un'ereditiera, quando si sposò Stefano nel podere del nonno materno, ad Arezzo. In effetti si trattava di alcuni ettari di terreno con parecchie ville, tutte perfettamente arredate, con giardini pensili, fiori e piante stupendi dappertutto. C'erano due campi da tennis in terra rossa. Capii come mai Stefano mi batteva sempre a tennis.

Stefano era cresciuto a San Francisco, era andato al college a Stanford, a medicina alla Columbia, e avrebbe fatto la specializzazione alla University of California at San Francisco. Ivy League schools, tra le migliori della nazione. Era alto, bello, pieno di donne. Disegnava come un fumettista, ed era bravo qualunque cosa faceva. Aveva un fratello più piccolo, altrettanto dotato e di successo.

Ai miei occhi, erano una famiglia invidiabile. La madre di Stefano, la signora Bini, si sedette vicino a me durante la festa. Mentre gli altri ballavano e flirtavano, io e lei parlammo di vita, futuro. Mi raccontò della loro vita a cavallo tra due continenti. Andavano spesso in Italia, 3-4 volte all'anno. Lei e suo marito potevano stare anche dei mesi in Emilia o in Toscana, ora che i figli erano grandi, impegnati con il college e l'università. Chiaramente non avevano problemi di soldi, di successo, di tempo. La loro mi sembrava una situazione ideale, un sogno da realizzare anche per me, un giorno.

Eppure, parlando, mi colpì più di ogni altra cosa un filo di tristezza nella voce di della signora Bini. Diceva che, nella loro situazione, era quasi impossibile essere felici. Quando erano a Bologna, gli mancava l'America. Quando erano a San Francisco, gli mancava l'Italia. Era fisicamente impossibile andare a tutti i parties, matrimoni, comunioni, cresime a cui erano invitati al centro-nord Italia o in California e a New York.

Rimasi impressionato. C'è un proverbio che dice: "Be careful what you wish for". Cioè sta attento a quello che desideri, perché potresti ottenerlo. Mentre parlava, mi immaginavo tra 20 o 30 anni, affermato, professionista, quando avrei potuto godere dei premi del mio impegno. Diventare come loro sarebbe stato il massimo per il mio piano di vita.

Ma non sarebbe stato perfetto. Forse niente è perfetto, e l'imparai quella serata. Parlando con lei, pensai e discutemmo anche le alternative. Vivere in Italia. Loro preferivano vivere negli USA, dove c'erano più opportunità, dove i figli, lei e il marito eccellevano. No, in Italia no, la mancanza dell'America, una volta che ci sei vissuto per più di 3 anni, sarebbe stata insopportabile, come vivere da sconfitti.

Non c'erano altre alternative. Già viaggiavano moltissimo, in prima classe, quando volevano. Avevano splendide dimore sia sul lato est dell'Atlantico, sia su quello est del Pacifico, sia oramai un pied-a-terre a New York, sul lato ovest dell'Atlantico. Ci pensai molto, non c'erano alternative migliori alla loro scelta, alla loro vita. Quello che avevano raggiunto era quello che volevo anch'io. Ma non sarebbe stato perfetto neanche raggiungere quella che a me era sembrata la perfezione.

Saudade

"La tua casa è dov'è la tua famiglia"

Dagli anni del liceo, ho sempre mantenuto un diario, come compagno con cui sfogarmi e in cui annegare le mie emozioni, e i miei pensieri più intimi. Ecco la prima nota che scrissi sul diario da quando ero a studiare in college dall'altra parte dell'oceano:

15 aprile 1984, 1am, venerdi'
Non posso dormire, quindi scrivo, a letto, per la prima volta da quando sono in America.
Come va? Be', piuttosto bene. Stasera sono un po' angry [arrabbiato] con Marget, ma forse è giusto, oggi è anche domenica, non dovrei costringerla così tanto, ma non ci posso fare niente.
Se quello tira, non sono tanto in potere di calmarlo, e poi questo mi sembra proprio il momento di divertirmi un po', visto che sto scoprendo veramente cos'è, diciamo così, il piacere sessuale, visto che sto scoprendo me stesso, che ho sempre creduto in fondo non proprio buono da quel lato, timido emotivo e sudorante. Forse sto migliorando, divento più self-confident, ne gioverà spero il mio carattere.
Spero sempre comunque di non diventare troppo materialista, troppo legato alla pussy, ricordo sempre le parole di Stefania ad ammonirmi. Sorridere, allegria, felicità, serenità sì, è la mia giovinezza, non mi posso lamentare. Probabilmente inconsciamente mi accontento, ma davvero credo di avere molto dalla vita.
Cosa mi manca? Sì, c'è sempre qualcosa da raggiungere, magari vorrei avere Lysa qui vicino a me a carezzarmi mentre scrivo, o essere già dottore, affermato, doppio studio sui due bordi dell'oceano, una moglie adorabile e tanti bei bambini. La giovinezza può essere difficile. Sembra spensierata, ma quanti problemi, quanti passi, quanti scalini, scale, montagne oltre le

quali solo i sogni sembrano essere ammessi. Non facciamo troppo i poetici. Vedi, ecco come sono, un po' istrionico un po' pazzo, un po' tutto, sempre un po' di tutto in me. Contraddittorio, può essere, ma credo ancora che dentro di me ci sia un fondo di coerenza.

Forse vorrei che Marget scendesse, mi vedesse scrivere, si spogliasse, passassimo la notte insieme...eh, non sarebbe male...domani microbiologia, mamma che noccio, quanto devo sempre studiare! Ma so che, col carattere che, grazie Dio grazie, mi ritrovo, non posso farne a meno, mi sentirei frustrato e irrealizzato senza studiare e lottare per una meta, senza niente da fare, senza schiumar lì sangue per quello che vuoi fare di te. Io ho certe idee su quello che voglio fare di me. Dove voglio andare, cosa fare, cosa scegliere, cosa essere, cosa avere e non avere...

Be'...Sono stanco, non ho tanta ispirazione stasera, davvero devo avere 'a lot of fun' al più presto.

Sono felice di aver scelto Marget comunque...con Melissa, non so, era difficile, siamo davvero diversi, e l'ammiro molto, è un altro pianeta per me, ma l'ho esplorato e io e quel pianeta non siamo fatti l'uno per l'altro, anche se c'è tanto di buono in lei, lo sento, mi avrebbe potuto dare tanto e io avrei potuto dare tanto a lei, forse le strade si sono divise troppo presto, ma mi era impossibile proseguire, affogavo nella birra e nel non capire.

Come con Beth, Lysa e Robin, d'altronde. Come sono? Cosa davvero pensano, vogliono? Le europee o asiatiche mi sembra si facciano capire di più, non so le americane, forse sbaglio io, ma penso ci sia qualcosa di diverso, di puerilmente diverso in loro. La vita sfrenata del college forse potrebbe portare le persone un po' a perdersi, sì, lo capisco, è più che normale...la vita può essere davvero facile...soldi in tasca, del papà, macchina, donne, droghe, non molto studio o quasi niente...

Sta piovigginando divinamente, un suono celestiale, è la pioggia con uno dei più bei suoni che mi sia mai capitata. Distensiva, quasi una ninna nanna silenziosa, a tirarti il sonno. Sono davvero in un buon 'mood', nonostante tutto; in meno di un mese sarò in Italia, a <u>casa</u>, con la mia amatissima famiglia, la mia mamma che mi adora.

Oh quanto mi vuole bene mamma. Ringrazio sempre Dio che me l'ha data. In lei è sempre come tornare bambino, è così dolce che non vorrei mai realmente diventare adulto con lei. Vorrei che fosse sempre un rapporto bambino-mamma. Non vorrei mai poter a volte non pensare alla stessa maniera, o magari trovare qualcosa di vecchio in lei, di troppo religioso, così a volte indifesa e fuori dalla vita lavorativa.

È una magnifica persona, papà ne ha fatto credo una moglie perfetta, e lei c'è stata senza fiatare, è tutta per lui e per noi, tutta una cosa cristiana, bella e pura, mi invidio per quello che ho e ho avuto, e prego che non accada mai nulla ai miei cari, alla mia famiglia, ai miei genitori e mai ai miei meravigliosi fratello e sorella. Troppo in gamba per me, oh che forza che sono. Be', vedo che sono davvero a mille. Quando torno a casa sempre tutto brilla. Grazie.

Buonanotte, sto morendo dal sonno. Marget, che possa non dormire almeno per un po', pensando a me, a cosa abbiamo detto, e deciditi, sarebbe stupendo.

Buonanotte buonanotte,
sweet dreams
Vince

Come vedete mi mancava la famiglia, ma soprattutto mi divertivo. Se è vero che scrivo di solito nei momenti più difficili, si vede che la mia vita era piuttosto spensierata. In quei primi mesi, non soffrivo di nostalgia, o, come piace chiamarla a me, di saudade. Quando uno dice 'saudade', con l'accento portoghese, il suono della stessa parola mette malinconia, tristezza.

Marget era una ragazza tedesca, bionda e molto forte di carattere, come anni dopo mi sono accorto piace molto a me. Melissa era un'americana carina, bruna, spensierata, molto in gamba, amante dello svago e del tempo libero, cioè dell' 'hanging out', come si dice negli USA. Ora vive con la sua compagna, credo sono stato uno dei pochi ragazzi che gli sia mai piaciuto, ne sono un po' fiero.

Lysa era Barbie, bionda, alta, occhi azzurri, portamento fiero. Ma troppo fiero, troppo conscia della sua bellezza. Beth era forse ancora più bella, ma per niente consapevole delle sue mille virtù, dalle gambe più lunghe che abbia mai visto e toccato ad un'intelligenza genetica innata e mal sfruttata. Sarebbe diventata dopo pochi mesi la mia ragazza fissa.

Ero sicuro dell'amore della mia famiglia, anche se lontana. Lo sono sempre stato. Alexander Sutherland Neill disse: "Quando un bambino sta male, sta sempre attaccato ai genitori. Quando un bambino è certo dell'amore della madre, la dimentica e va ad esplorare il mondo."

Una volta ho letto un po' di citazioni dal mio libro a caso a mamma. Ascoltava silenziosa mentre stirava una mia camicia. Ma appena dopo che gli ho detto questa frase, ha detto, in una voce distesa, serena, e sicura come poche volte gliel'ho sentita: "Questo sei tu".

Io la famiglia non l'ho certo dimenticata. Loro sono come un grande tesoro in banca. Non svalutano mai, sono sicuri, ci posso contare. Mi rendono forte, ricco, potente.

A proposito di saudade...

Eccovi una bellissima poesia, che trovai su Oggi, quotidiano italo-americano:

<u>A minha terra</u>
(in portoghese, per il Brasile, ma anche per tutte le madrepatrie)
   Minha terra querida
   por que te amo tanto
   andei toda a vida
   nao encontrei outra
   de tanto prazer e encanto
   onde esta o segreto
   desta minha paixao

na tua rara beleza
ou no meu coracao?
Serà porche me embalastes
nos meus primeiros anos
e pra sempre gravastes
o teu amaor em mim
que eu gosto tanto de ti?
Conforto e richeza
major que ela seja
nao me serve prà nada
por mais longe que esteja
respondo a tua chamada
e quando venho e descanso
nos teus bracos carinhosos
paz desce em mim
noites sao mais belas
dias mais luminosos
e acho felicidade enfim
      Jose Paulo Gomes
      Brooklyn, NY

    I momenti in cui la saudade e la lontananza si fanno più sentire sono quelli in cui non puoi partecipare a compleanni, feste insieme, comunioni, cresime, matrimoni, e soprattutto funerali. E quando sai che l'altra persona, il tuo famigliare o amico, ha bisogno di te, ma non puoi essergli fisicamente vicino. Puoi telefonare, scrivere, guardarli e sentirli tramite Skype. Ma un abbraccio vale più di tutto, e non puoi fargli sentire il calore fisico del tuo corpo in nessun altro modo. Non puoi mettergli una mano sulla spalla. Non puoi tenergli la mano per qualche minuto. Non puoi guardagli da vicino l'espressione, e veramente capirne lo stato d'animo, aiutarli a confessarsi.

    Uno dei momenti più difficili da quando sono in America è stato quando a mamma è stata diagnosticato un cancro al seno. Ecco i miei sentimenti di allora.

8 dicembre 2000
Cara mamma,

Ti mando questa lettera via FAX per farmi sentire più vicino. Mi dispiace molto essere così lontano, ma tu sai quanto la mia anima e pensiero ti siano vicini. Ti scrivo a penna sapendo quanto odi le lettere scritte a macchina. Ti prego di scusare la mia calligrafia, che va deteriorando da tempo.

Ti ho sentito serena, e lo sono anch'io. Speriamo sia solo un momento passegero di paura, e che tutto si risolva. Hai ancora tanti anni meravigliosi davanti a te per goderti i figli, nipoti, e papà. Quest'episodio non servirà ad altro che a rafforzare il profondo legame d'affetto che tutti ci lega.

Qui tutto va bene, il lavoro è un po' un rompicapo, a volte mi sembra di dirigere un asilo nido viste le personalità di alcuni miei colleghi, ma cerco di andare avanti tenendo sempre presente quello che è più importante per i pazienti, che sono quelli per cui veramente val la pena di sudare.

A casa, a parte le diarree e i vomiti e le tossi (dei miei figli piccoli, nda) di cui sai, va tutto bene. Certo senza la signora Luigia (mia suocera, nda) è più dura, ma questo ci dà anche l'opportunità di passare più tempo con i figli. Andrea e Pietro sono meravigliosi.

Andrea è tutto Paola, preciso e serio, sereno e anche compagnone, cupo la mattina, aperto la sera. Ama leggere, giocare, i suoi video, giocare con qualunque palla.

Pietro è 'il patato', sempre sorridente, ora cammina bene, è pazzo per il suo papà, gioca anche da solo, qualunque cosa lo interessa. La sua bocca è quasi sempre colma di cibo.

È difficile chiedere di più dalla vita. Certo il mio prossimo desiderio è di passare 12 spensierati giorni insieme a te, papà, Anna e Michele, e di tenervi abbracciati il più possibile.

Tutto il mio più grande amore
Vincenzo

Una lettera breve, per farla svagare dalle sue preoccupazioni. Si può fare poco quando si è lontani. Ma sapevo che mamma queste lettere se le rileggeva mille volte, e quindi farle sentire che da questa parte dell'oceano tutto andava bene speravo la rincuorasse.

Da piccoli il massimo per mio padre era portarci tutti e tre figli a Sant'Apollinare, il paese dove era cresciuto. Ricordo che soprattutto mia sorella Anna odiava andare lì, dove c'era poco da fare. Io e Michele giocavamo a tennis con i racchettoni sul balcone. La rete era un tubo per innaffiare che reggeva un tappeto.

Ora, stabile in America, non posso passare quei weekend insieme. Mi manca da morire qualcosa che in fondo non è che mi piaceva moltissimo quando ero un aitante teenager che voleva divertirsi con gli amici in Italia. Ancora una volta mi viene in mente il fatto che bisogna essere felici di quello che si ha. Quando si fanno delle scelte, bisogna essere pronti ad accettarne le conseguenze. Non si può avere tutto dalla vita.

Ti scegli la compagna. A volte vorresti cambiare, ma non è il caso. Lo stesso per il lavoro. A volte non mi dispiacerebbe lavorare al Club Med come GO. A volte la domenica piove, ed il lunedì è bel tempo. E allora organizziamoci. Magari la domenica si va a vedere un bel film, si organizza una festa a casa, o si balla sotto la pioggia. Chi l'ha detto che bisogna essere tristi quando piove?

È stato davvero un peccato perdersi tutte le comunioni, le cresime, i matrimoni, i funerali? Tanti, incluso Rudy Giuliani nel suo libro 'Leadership', dicono che è fondamentale andare ai funerali, più di qualunque altro evento. I funerali di nonno, quello di Manuela, quelli della mamma di Antonello e del papà di Tonino sono quelli che mi sono più mancati.

Sono mancato a tanti matrimoni, ma sono andato ad altri. Non poter andare ad alcune comunioni e cresime dei miei 7 nipoti mi è dispiaciuto molto. È importante però mantenere aperti questi contatti, in tutti i modi. Telefono, Skype, Facebook, email, visite, viaggi insieme, tutto aiuta. Parlare, comunicare, scambiarsi sensazioni e pareri, dividere con i cari la propria vita e restare in contatto con la loro.

L'oceano queste cose non le separa. Sì, è vero, non puoi andare al saggio di danza. Non senti la poesia di Natale preparata per scuola. Non puoi seguire il loro campionato di basket, o conoscerne i primi amorini. Ma di tutto questo puoi parlarne con loro. Sono fortunato. Mia madre dice che la nostra lontananza ha creato una 'vicinanza d'anime'. È vero, e non solo con lei.

I miei nipoti si fidano di me, e spesso si confidano. Sono quello che più sa delle avventure erotiche di mio nipote Vincenzo, latin-lover e non solo. Con mia nipote Livia ci sentiamo tramite Facebook, che gli altri si rifiutano di usare, mentre chiaramente per lei è il metodo migliore di comunicazione. Giulia sta molto bene con gli adulti anche solo a 13 anni, come Livia, e si confida, racconta della scuola, del mare, dei films, dei libri. Margherita comunica benissimo a lettere, scritte a mano, come fanno le poetesse come lei. Sua sorella Livia anch'essa è molto matura, preferisce stare con i grandi, come preferiva fare sua madre, mia sorella Anna. Alessandro e Luca giocano con me a calcio, a tennis, d'estate, e anche loro li sento vicini.

La mancanza, dopo 25 anni, si riassume qui: il non poter prendere la bici, la moto, o anche la macchina e in pochi minuti vedere i parenti di primo (genitori e fratelli) e secondo (nipoti, cognati) grado. E quei 3-4 amici più cari con cui si è cresciuti.

Tutte le estati, e dico tutte, sono (e poi siamo) andati in Italia, spesso non una ma due volte. Mentre non ricordo l'ultima Pasqua passata in Italia, almeno il 75% dei Natali e Capodanni li abbiamo passati in Italia, dai 'cari'. Ma siamo sempre stati in contatto anche quando lontani geograficamente. Ecco una mia lettera del 14 dicembre 2001:

Carissimi tutti,
BUON NATALE e Felice Anno Nuovo!

Mi dispiace moltissimo non essere lì con voi, ma sappiate che siamo (io Paola Andrea e Pietro) lì col nostro spirito, che in fondo vale molto di più del nostro corpo.

Questa lontananza, per così tanti anni, forse non ha fatto altro che farci dimenticare i nostri difetti. Col tempo abbiamo apprezzato sempre più le qualità dell'altro, e questo ha senz'altro fatto sì che ci vogliamo bene ogni giorno di più.

Stiamo tutti benissimo, e spero lo stesso di voi. Quando vediamo quanta tristezza e miseria e dolore ci sono nel mondo, viene davvero da domandarci come facciamo ad essere così prediletti dal Signore.

Paola è una gran moglie e mamma, lavora e si impegna sempre al massimo, è una ragazza intelligente e su cui puoi sempre contare (e dici poco). Mi ama moltissimo, son sicuro che anche voi un giorno lo capirete. Più la amate, più vi amerà, dare è molto meglio che ricevere. Spera, come me, di vedervi più spesso, parla spesso di voi ad Andrea e Pietro.

Abbiamo tutto pronto per il Natale, grazie dei regali, Andrea e Pietro ci hanno aiutato con l'albero ed il presepe, a cui quasi ogni giorno aggiungiamo qualcosa.

Andrea si diverte moltissimo a scuola, parla inglese già meglio di noi [a 4 anni], è il migliore studente di spagnolo della scuola, o almeno così dice la maestra. A casa canta spesso, è sereno, felice, intelligente, insomma un figlio modello. Come avete sentito per telefono, vi vuole tanto bene. Ama leggere, giocare a pallone, puzzles, giochi di carte, ecc. Ha una gran memoria, è molto osservatore, preciso. Vuole fare il dottore degli animali da grande. Nuota già benissimo, senza ciambella o niente, è un vero pesce. L'instruttrice ne è già innamorata.

Pietro è smisurato per la sua età, veramente non ci crede nessuno che ha due anni, parla anche moltissimo e tutti lo credono molto molto più grande. Lui è il solito caciarone, mattacchione, i giochi 'di mano' e di forza sono i suoi favoriti, spesso salta sopra Andrea e lo tiene sotto per minuti. I 'bidibodibu' sul letto sono la routine di tutti i pomeriggi. Anche lui, come il fratello, spesso si legge da solo i suoi libri favoriti, seguendo col ditino (si fa per dire, salsiccia sarebbe meglio) le righe del testo.

Io, come sapete, vivo forse il periodo più 'di successo' della mia vita. Non sono nessuno, lo sapete, però questi anni di impegno mi hanno fruttato una notorietà che non mi sarei mai aspettato. Con essa si moltiplicano responsabilità che non mi sarei mai sognato di avere. Non so quanto reggerò a questi ritmi, ma certo è un'esperienza che mi riempie di orgoglio e su cui il mio io si cullerà per sempre. Spero soprattutto di aver influenzato in questi anni alcuni dei leader del futuro, e di aver seminato bene.

Certo, non saprò mai se mi sarei divertito tanto a lavoro in Italia come mi diverto qui, e mai se sarei arrivato a 37 anni a dirigere quel che dirigo, ma senz'altro, da quel lontano gennaio del 1984, quel ragazzo fresco di liceo ha fatto tante tante cose. La mia posizione ora è piena di impegni, non tutti piacevoli, ma l'esperienza di questi primi 13 mesi da direttore è stata una grande esperienza di vita, oltre che di medicina.

Saluto in particolare i miei amatissimi nipoti Vincenzo Margherita e Livia. Ci mancano a tutti moltissimo. Un bacio e un abbraccio particolare a loro.

A tutti quanti il nostro più caro affetto,
Paola Andrea Pietro e Vincenzo

Manhattanville College

"Le navi sono al sicuro nel porto, ma non è per quello che sono state costruite"
John Shedd

La vita del college è meravigliosa. Tutti ragazzi e ragazze dai circa 18-19 ai 22-23 anni. Avrei potuto andare probabilmente in altri colleges, ma avevo fatto domanda solo a Manhattanville. Quella fu la mia esperienza, e fu bellissima, davvero.

Il campus è immerso nel verde, a 40 minuti di macchina a nord di Manhattan. Il campus è nello stesso paesino dove ci sono i quartieri generali mondiali della Pepsi, della General Electric, e di tante tra le società più grandi e ricche d'America. Un posto da privilegiati, e dire che ci ero capitato per caso.

Il campus è circondato da mura, come fosse una reggia. In effetti il centro amministrativo è un castello, con tanto di guglie e torrette. Davanti all'entrata principale del castello/uffici della presidenza, si affaccia un enorme prato, sempre verde, pulito, perfetto. La chiamano la 'Quad'. Grande poco più di un campo di calcio. Qui ci si poteva incontrare, parlare seduti sull'erba, flirtare, giocare a 'fooseball'. O semplicemente far finta di leggere o studiare per attirare l'attenzione degli altri.

Intorno alla 'Quad', c'erano gli altri edifici importanti dell'università. Tutti a due piani massimo. La biblioteca, dove lavorai, e soprattutto studiai tanto. L'edificio dove facevamo lezione, con i laboratori di biologia e chimica ma soprattutto le sale per la musica, la pittura, le sale con le modelle nude, gli anfiteatri di legno per le classi più importanti, come avete visto in film tipo 'L'attimo fuggente'.

Dall'altro lato della biblioteca e dell'edificio scolastico, le 'case dello studente'. Erano 3. Quella più bella e più centrale è quella dei seniors, quelli del 4° anno, i fighi, i privilegiati, i capi. Poi una in particolare (mi ricordo, si chiamava Spellman) soprattutto per i Freshmen, quelli del primo anni, i pischelli, quelli che ancora non conoscono nessuno, che non sono inseriti. La terza, la più decentrata, ma l'unica con camerate da 6 persone, era Tenney, che ospitava soprattutto Sophomores e Juniors, cioè quelli del 2° e del 3° anno.

Arrivai dunque in gennaio, a metà semestre. Mi misero tra i Freshmen, ma diventai subito un Sophomore, con i credits che mi abbonarono. Pochi arrivano 'nuovi' a metà semestre. In una comunità di solo circa 850 ragazzi, ero la novità assoluta. Mesi dopo i miei nuovi amici mi dissero che al mio arrivo furono tutti molti colpiti da me, impressionati. Un italiano alto, moro, tutti quei ricci neri (ce li avevo eccome!). Molti dei miei futuri amici maschi mi confidarono più tardi che si sentivano in pericolo di perdere in notorietà, e di avere meno possibilità con le ragazze.

E pensare che io avevo la sensazione mi guardassero tutti (e tutte) come un marziano, o addirittura che non mi notassero tanto. Devo dire però che mi accorsi, malgrado l'inglese terribile a quei tempi, che alcune ragazze mi notavano. Non ci misi molto a diventare amico con le più intraprendenti, di solito Juniors (del 3° anno) o Seniors (del 4°). Vedevo che altre fumavano, di rabbia.

Alcune mi piacevano proprio, capirai, tutte nel fulgore dell'età, libere, in college. Ricordo quando, sarà stato uno dei giorni nella prima settimana, due, piuttosto avvenenti, mi fermarono per una delle strette viuzze asfaltate, solo per pedoni, del college. Nel campus praticamente non si vedevano macchine. Mi chiesero da dove venivo, che cosa facevo lì. Dissi che ero italiano. Gran sorrisi. Una disse 'Che bella Parigi', tutta felice. La profondissima ingnoranza americana in geografia (e anche storia) mi fu subito chiara.

E chiamano 'gallinelle' le ragazze padovane. Io di padovane ne ho conosciute tante, e bene, e sono state tutte ragazze veramente in gamba. Laureate, specializzate, serie, preparate, intelligenti. Con una ci sono stato, con altre due è sempre stato piacevolissimo discutere dei fatti importanti della vita. Le 'gallinelle' ci saranno anche a Padova, ma esistono anche in tante altri parti d'Italia, e, chiaramente, in tutto il mondo!

Il college è un posto incredibile. Bella la vita! Se esistesse in Italia, non si diplomerebbe e laureerebbe nessuno, o solo monaci casti e suore verginali. Pensate, come essere in un albergo, dove vivono solo tuoi amici. Vicino camera tua, può vivere il tuo migliore amico da una parte, e dall'altra una sventolona tipo modella texana.

Di solito, le camere non venivano neanche chiuse a chiave, visto che non avevamo molto che si potesse rubare, e tutti erano onestissimi. Si chiudevano solo se...be', avrete capito. Quindi, alle 8 di mattina, come alle 3 di pomeriggio, come a mezzanotte, potevi farti un giro per quei corridoi, e andare a trovare i tuoi amici...o le tue amiche.

Non ti aprivano solo se erano in dolce compagnia, o partiti per il weekend. Altrimenti, potevi sederti vicino a loro, di solito per terra o su un letto, visto che pochi, anzi quasi nessuno aveva sedie o tavoli in quelle stanzette. Solo durante il mio 'junior year', vivendo con altri 5 ragazzi in una 'suite', con 2 camere doppie, due singole, e bagno comune, c'era anche al centro un salottino dove avevamo dei divani sporchi e sfondatissimi. Che lusso!

Si praticava molto l' 'hanging out'. Come altre parole americane, intraducibile. Letteralmente vuol dire 'appendersi', ma nel gergo significa rilassarsi, poltrire sul sofà parlando o guardando la televisione, insomma spassarsela senza sudare, di solito con una birra in mano.

Non è facile concentrarsi e studiare in un posto simile. Le tentazioni iniziano la mattina presto (per non parlare della notte). Ricordo che ero l'unico ad alzarmi presto, verso le sette, quando dovevo frequentare il corso di fisica, che iniziava alle 7:30, orario in cui alcuni studenti andavano a dormire. Spesso, nel nostro salottino c'era, sveglio, stravaccato sul divano, John.

John era un 'figlio di papà' di New York. Sempre ben vestito, i genitori, divorziati, vivevano tra l'appartamento sulla 5a strada di Manhattan e il villone sulla spiaggia di Long Island. Quelle mattine, mentre mezzo nudo mi avviavo verso il bagno per fare la quotidiana doccia mattutina, mi salutava.

La voce impastata, la birra nella mano sinistra, uno spinello nella mano destra, gli occhi rossi dal fumo e dall'insonnia, si sussurrava, così rocamente da essere quasi inintelligibile: "Hello Vince?" E, alzando il braccio sinistro lievemente, aggiungeva: "Do you want some beer?". Come se io mi fossi bevuto, alle 7 di mattina, quel miscuglio di birra scadente e calda, e della sua saliva, direttamente dalla sua bottiglia. E poi ancora, avanzando la mano destra: "Do you want a drag?", cioè "Vuoi tirare questo cannoncino di marjuhana?"

Credo che il più delle volte rispondessi: "Thanks John" senza neanche dire "No", per non offenderlo. Non faceva nient'altro tutto il giorno, sempre birra e fumo. Finì che lo cacciarono fuori dal nostro Manhattanville College. E sì, perché se non studi, puoi avere quanti soldi vuoi, e quanti amici potenti vuoi, ma ti mandano via, per far posto ad altri, più meritevoli.

Ricordo come i primi tempi, molto prima di conoscere John, andavo lungo le hallways – corridoi – dei dorms – 'dormitori' – e sentivo un odore dolce, strano, a me sconosciuto – era la marjuhana. Io pensavo fosse un profumo strano, di qualche cibo, o qualche nuovo odore femminile che non conoscevo.

C'era una sola circonstanza in cui alcuni dei miei amici si svegliavano presto. Già allora le previsioni del tempo erano accuratissime in America. David era il prototipo dell'americano in college. Belloccio, biondo capelli folti a caschetto, forte come un leone, spavaldo, giocatore di rugby (questo non comune), insomma un compagnone. Lui era attentissimo d'inverno alle previsioni del tempo.

Quando la radio dava alta probabilità di neve, si svegliava alle 7, prima dell'alba. Chiamava un numero verde, dove dicevano se l'università (insomma il college) avrebbe cancellato le lezioni per la troppa neve e l'impossibilità dei professori di arrivare al campus, o no. Se la scuola era chiusa, David iniziava la sua missione.

Passava dalle camere di Nabil, James, Olivier, mia, e di altri, e ci buttava fisicamente dal letto. Spesso, per far questo, doveva divincolarci dalle ragazze a cui dormivamo abbracciati. Chiaramente non si curava affatto delle grida della ragazze, un po' spaventate e sorprese, un po' falsamente pudiche. Vestiti con quello che avevamo lasciato per terra la sera prima, ci portava fuori, sulla Quad, all'albeggiare.

Non c'era più la bella erba verdissima della Quad. Era tutta ricoperta di neve, di solito dal mezzo metro al metro. Perché quando nevica in nord America, nevica seriamente. Ci distendevamo sdraiati sulla neve fresca, intatta, appena solleticata dai primi raggi di un sole che rischiarava, ma non scaldava.

Ma David sapeva come riscaldarci. Portava, dal suo frigorifero minibar, una bottiglia di vodka ghiacciata. Da un gallone. Distesi uno vicino all'altro sulla neve, ce la passavamo, prendendo dei bei sorsi, man mano più grandi, e man mano più inconsapevoli. David rideva, felice. Malgrado fosse quello che tollerasse meglio l'alcool, si ubriacava sempre. James, Nabil o Olivier a volte vomitavano, ma erano felici lo stesso. Chiaramente, per il resto della giornata, saremmo stati tutti quanti inutilizzabili, buoni solo per hanging out o dormire.

Io mi sono ubriacato solo una volta in tutta la mia vita. Oramai mi viene il mal di testa anche con un sorso solo di vino, figuriamoci se bevessi liquori. Ho finito la deidrogenasi alcolica, l'enzima che aiuta a metabolizzare l'alcool. Ma ai tempi del college, anche se non esageravo mai, potevo bere un po'. E la volta che mi ubriacai lo feci mischiando sicuramente birra, vino, e liquori vari.

Ero ancora il ragazzo di Beth, una stupenda ragazza alta 1,84, occhi enormi marroni, gambe affusolate più lunghe delle mie (che sono 1,89). Era la graduation (cerimonia di laurea) di James, uno dei miei migliori amici. Mi ricordo come mi fece impressione la sua 'tesi di laurea'. Fece uno show d'arte. Espose delle maschere di cartapesta, bellissime, che aveva fatto nel corso dell'anno. Ammiratissimo.

E io che preparavo, per l'anno dopo e la mia graduation, uno studio su come i livelli di colesterolo venivano alterati dal fumo e dalla dieta in alcuni miei amici studenti-cavie di Manhattanville. Quanto più 'cool' era il progetto di James!

Comunque. Quella sera era gran festa, ora ricordo che qualcuno, forse Olivier, il fratello gemello di James, portò anche lo champagne. Alla fine ci ritrovammo in gruppo, seduti per terra, sparsi un po' in circolo, con l'alcool che passava di mano in mano. Io ci stavo sempre attento, ma quella sera non funzionò.

Credo se ne accorse Michelle, una bella ragazza, alta, bionda, occhi azzurri, sportiva e molto estroversa, che ammiravo, e che, evidentemente, ammirava anche me. Si mise seduta su di me, ridendo e scherzando, felice, spensierata. Non so con quali intenzioni, visto che Beth era lì, non lontano da noi.

Io non feci niente di male (si dice sempre così in queste situazioni, no?). Comunque parlai con lei accovacciata sulle mie gambe per un bel po'. Senza accorgemene, dopo un'ora, o 2, o forse...non so, Beth non c'era più. Con calma, trovai la scusa per andarmene, sapendo che Beth mi amava pazzamente, e sarebbe stata ad aspettarmi.

Infatti, anche se ognuno di noi aveva la sua cameretta, se si stava insieme, una coppia dormiva insieme nella camera dell'uno o dell'altro. Io stavo fisso da Beth. La stanza sarà stata un 50 metri di corridoi da dove avevo passato una delle serate più allegre della mia vita. Arrivai di fronte alla 'nostra' porta. Fuori c'era un materasso.

"Uhm...brutto segno", pensai. Bussai alla porta. Prima piano. Nessuna risposta. Poi più forte. Beth alla fine aprì, in lacrime. Scena di gelosia. Non me lo perdonava. Come altre donne che ho conosciuto, e come è naturale, penso fosse offesa soprattutto dal fatto che sembrava l'avessi tradita di fronte a tutti.

La mattina dopo dovevamo andare a trovare i suoi! Aveva dei genitori in gamba. Soprattutto il padre. Sarà stato alto 2 metri, distinto lord tipo inglese, occhi chiari e capelli brizzolati, amante del golf e della vita dei sobborghi americani. In macchina, guidava Beth. Andavamo verso la villona dei suoi a Bernardsville, in New Jersey, credo con la mia sgangherata Oldsmobile. Guidò lei.

Vomitai più volte. Non solo la notte avevo dormito poco e malissimo, ma ora svuotavo lo stomaco del veleno che ci avevo messo la sera prima. Con Beth non parlammo quasi mai. Giustamente era schifata di me, a ragione. Dovemmo fermarci più volte, con io che mi piegavo, dolorante in pancia, con giramenti di testa, a lanciare liquidi sul ciglio della strada.

Credo fosse la prima volta che incontravo i suoi. Che, nei 2 anni abbondanti che restammo insieme (incluso il 'revival'), mi vollero sempre bene e trattarono benissimo. Io invece arrivai rantolante, puzzolente, probabilmente sporco in viso e sui vestiti di vomito. Assolutamente incapace di qualsiasi conversazione.

Non mi sono mai più ubriacato in vita mia, neanche lontanamente. Quell'episodio mi insegnò tanto. Sarei stato benissimo la sera prima anche senza bere. O almeno bevendo poco. E sarei stato 'umano' la notte e il giorno dopo. Invece di sentirmi all'inferno, punito per i miei eccessi. Sbagliare a volte si può. Ma bisogna imparare dai propri sbagli, e non commetterli più.

Ripensando ai miei primi anni negli USA, devo ammettere che ero ingenuo. E felice di esserlo. C'erano feste tutti i giorni. Anzi più feste al giorno. Bastava andare a chiamare un paio di amici, di ragazze, una bottiglia di qualcosa, ed ecco la festa.

Quelle che ricordo con più piacere erano i 'wine tasting parties'. Compravamo una ventina di diverse bottiglie di vino, di solito rosso, e poi invitavamo gli amici più cari, e le ragazze più belle. Dopo ogni sorso di vino diverso, si davano i voti, da 1 a 10. Non ricordo che fosse importante quale vino vinceva. Anzi, credo che dopo un po', il chiacchierare prendeva il sopravvento sulla 'gara' dei vini, e non si sapeva mai alla fine quale fosse il migliore.

Anche se la odoravo nell'aria, vidi personalmente pochissima droga. So che alcuni dei miei amici 'tiravano' cocaina. A me non l'offrivano mai. Sapevano che non l'avrei usata, e non sprecavano nemmeno il loro tempo. In questi casi, è molto utile farsi una reputazione. E la mia veniva rispettata. Credo da molti invidiata. È più difficile 'cantare fuori dal coro', non allinearsi, e questo lo capiscono tutti. E alla fine ti ammirano.

Un episodio in particolare vi fa capire la mia completa ignoranza di qualsiasi droga. Ad una festa, notai che la maggior parte del gruppo era messa in circolo. Mi avvicinai, e mi accorsi che si passavano un aggeggio. Era un lungo tubo di vetro, lungo quasi 80 cm, di 6 cm circa di diametro. Era pieno di un liquido, che, nella luce quasi inesistente della stanza, sembrava acqua.

Mi ritrovai presto con questo arnese in mano, con tutti che mi guardavano. Io non sapevo cosa fare, era la prima volta che lo vedevo. Lo afferrai con due mani, la destra la parte più alta, la sinistra verso il basso. E poi alzai la mano sinistra. Non mi ero accorto che il tubo nella parte superiore era aperto. Acqua sporca mi bagnò tutto. La risata fu generale. L'imbarazzo, come vedete, persiste dopo 23 anni.

Quell'arnese era il cosidetto 'bong'. Non ho mai capito, né voglio veramente capire, come funzioni. C'è dentro marjuhana, i cui fumi che vengono sprigionati tramite una fiamma dentro il tubo passano dentro l'acqua del tubo, e tu aspiri questo fumo proprio dalla parte superiore aperta del tubo. Quella da cui mi ero versato quel liquido schifoso!

La vita sociale del college è interessantissima. Sei completamente libero di fare un po' quello che ti pare. Molti stavano per ore chiusi nelle loro camere con le loro ragazze. O con chiunque volesse stare solo con loro chiuso in una stanza. Non c'erano segreti, vivendo in comunità. Si sapeva quali erano le coppie, chi si era lasciato, anche simpatie e antipatie.

Ricordo come risi un giorno. Il mio amico Olivier stava con Patricia, una bella panamense, bruna, capelli neri, tutta curve e seduzione latina. Ne era innamorato pazzo. Dalla porta della mia camera, aperta, lo vidi camminare lungo il corridoio. Ma quella volta non era come le centinaia di altre volte. Portava, a gran fatica, un frigorifero sulle spalle!

Mi alzai e gli corsi dietro. Per aiutarlo ma anche per sapere, per far 'gossip', per 'spettegolare'. Olivier mi confessò di aver appena litigato con Patricia, che l'aveva cacciato dalla sua camera. Stava quindi 'ritraslocando' nella sua camera originaria. Non vi sorprenderà il fatto che, 2 giorni dopo, mi chiese di aiutarlo a riportare su dal suo appartamento a quello di Patricia quel pesantissimo frigorifero.

Olivier era ed è uno dei miei migliori amici. Ho stretto ottime amicizie in college. Olivier e James sono fratelli gemelli, probabilmente omozigoti (identici). Il loro cognome è de Givenchy, e sono gli ultimi figli (di 7) dell'unico fratello di Hubert de Givenchy. Sì, avete capito bene, il loro zio era il fondatore e allora proprietario di tutta la ditta Givenchy. Olivier si sposò nel suo castello vicino Parigi. Niente da invidiare a Versailles, sia in castello, che giardini, che mobilio.

Sempre ben vestiti, occhi blu, accento francese, ciuffo e capelli sempre in ordine o disordine elegante, erano i belli e i più desiderati al Manhattanville College. Ho fatto da testimone al matrimonio di Olivier, e James è stato al mio matrimonio, tra le altre cose. Siamo cresciuti insieme, non abbiamo mai litigato. Più in là ci siamo scambiati le case, ma mai le ragazze.

Scarsi nello sport, avevano e hanno tanti pregi. Olivier è diventato un boss a Londra per la JP Morgan, una delle più grosse banche del mondo. Gestisce e investe decine di milioni di euro e di dollari. Non ho mai avuto abbastanza denaro per poter investire tramite lui. Gestisce gli investimenti in borsa di tanti ricchissimi, tra cui il presidente dell'Inter Moratti, che da solo gli dà da investire credo circa cento milioni di euro. Spiccioli.

James, che in college studiò arte, è ora uno dei gioiellieri più famosi del mondo. Ha due negozi a Manhattan, sulla 5a strada, e vende orecchini, collane, anelli, orologi, ecc. L'altra settimana mi ha fatto vedere un bel diamante blu, che da solo valeva 50 milioni di dollari.

Ma lì, in college, eravamo tutti uguali. Noi 'stranieri' facevamo un po' gruppo, visto che eravamo meno del 5%. Frequentai un ambiente internazionale. C'era Nabil, libanese, straricco. Quando si usciva fuori, spesso in discoteca a New York, lui pagava l'entrata per quelli che non avevano abbastanza soldi. Lo visitai una volta a Cannes, dove il padre aveva una villa con piscina enorme, vista mare. Ora gestisce tanto dell'import-export da e verso il Ghana. E credo continui una vita alquanto libertina.

Bernardo, da Lisbona, era uno di quelli a cui Nabil doveva pagare l'entrata ai bar-discoteca. Sempre senza un soldo, si trasferì al Rhode Island Institute of Design, dove lo andai a trovare. Anche di notte, era sempre a disegnare qualche nuovo enorme edificio sperimentale. È diventato uno degli architetti più quotati del Portogallo, disegnando musei nazionali, stazioni, stadi. Ha sposato una ragazza semplice, piccolina e intelligente, con cui ha due figlie.

Una volta un mio caro amico di Philadelphia, Salvatore, mi ha fatto i complimenti per mia moglie Paola. "Una moglie in gamba, intelligente, bella". Non mi fece impressione questa prima frase, visto che la sento spesso. Mi fece impressione e ricordo in particolare la seconda frase: "Le persone le giudichi anche dal loro partner, da chi li accompagna. Chiaramente tu sei in gamba per esserti sposato una ragazza così superiore alle altre." Mi fece impressione. In fondo giudico i miei amici anch'io un po' in questo modo, anche se nella vita ci vuole anche tanta fortuna.

Nel nostro gruppo c'era anche Peter, detto 'Heineken', un olandese amante della birra. E David, il pazzo americano che una volta sfondò il vetro di una finestra volontariamente perché la ragazza voleva lasciarlo. Si sposarono, fecero 3 figli, e poi divorziarono. Non mi sorprese saperlo, anche se il dramma era che David era innamorato pazzo di lei, Jenny.

L'ultimo anno il mio compagno di 'bagno' (avevamo camere separate, con in mezzo un bagno in comune) fu Sidi Ahmed Abeidna, di Nouakchott, in Mauritania. Portava sempre le pantofole arabe, gialle chiare, con la punta in su. Stava il più possibile a petto nudo, era il suo modo di pavoneggiare e attirare le gallinelle, visto che aveva un bel torace, che faceva dimenticare la sua bassezza.

Poi c'erano le ragazze, a cui presto dedicherò un libro a parte. Quasi tutte quelle che ricordo erano americane. Beth e Michelle ve le ho già descritte. Nel loro gruppo c'era anche Lisa, bella, alta, occhi blu, capelli gialli (più che biondi), troppo trucco (peccato). Poi Patricia, la bella ragazza di Olivier.

E Lisa Caldwell, l'editrice del giornale del college. Intelligente, e forte di carattere. Troppo forte di carattere. Si sposò presto con Rick, fecero due figlie, lui tanti soldi a Wall Street. Litigavano spesso, dei litigi in cui palesavano la poca stima reciproca. Si prendevano anche a botte, finirono in divorzio, senza né fama né soldi.

La ragazza di James, di cui non ricordo il nome, era filippina, e bruttina. Non so, e non lo sa neanche lui, come mai ci stette insieme così a lungo. Lui, che forse più di qualunque altro faceva strage di cuori. Comunque dopo il college si rifece ampiamente. Una volta mi raccontò di una canadese, bellissima, che gli diceva, nei momenti intimi: "Prends-moi fort". C'è da morire d'invidia. Dopo il college, negli anni di scapolanza a New York, tra le decine di fiamme fece anche l'amore con un'argentina stupenda, Marina. Quella gliel'ho un po' invidiata.

C'era Melissa, una bella brunetta, pimpante, intelligente, amante dell' 'hanging-out'. Avemmo una breve fiamma, non consumata, ma sentita. Ora convive con la sua compagna, e credo mi voglia ancora bene. Poi tante altre ragazze di cui non ricordo neanche il nome.

I weekend, quando i nostri amici americani andavano a casa dei loro genitori, noi ci cucinavamo. Libanese, portoghese, francese, africano, ecc. Io ero specializzato in carbonara e tiramisu. Nabil in gazpacho. Sidi faceva cibo arabo. Olivier e James portavano il formaggio francese. Raramente ho mangiato meglio. Sarà stata la compagnia, l'appetito del ventenne, ma eravamo felici.

Il viaggio e gli amici che fai durante il viaggio sono la cosa più importante. Una vita non condivisa con gli altri è una candela non accesa, come dicono in Spagna. La vita è un insieme di viaggi, che a me piace fare in compagnia. Era un diploma di college americano il motivo per cui eravamo tutti lì. Ma la parte più bella fu il viaggio, non la meta.

Mi dovevo nascondere in biblioteca per studiare. In camera mi venivano sempre a trovare per andare a far baldoria da qualche parte. Poi scoprirono anche dove mi nascondevo. La sera quindi venivano a stanarmi da lì, un bel tavolo in un angolo del 4° piano. Le prime volte mi feci trovare come un allocco, e non ci fu verso di dirgli che io dovevo, anzi volevo studiare. In futuro, la sera, soprattutto di sabato, dovevo rifugiarmi, sempre in biblioteca, nei lunghi corridoi tra colonne di libri, dove sapevo non sarebbero mai venuti. In quanto quei posti erano a loro sconosciuti, mentre io ci avevo anche lavorato.

Papà mi ha sempre dato tutto quello di cui avevo bisogno, in fatto di soldi. Ma negli USA lavorano tutti, e io mi rendevo conto di non essere un Givenchy, o avere la villa a Cannes. Per potermi permettere la birra il sabato, o i soldi della benzina della Oldsmobile per andare a Manhattan il sabato o la domenica, lavoravo.

Sì, avete capito bene, lavoravo. Avevo 20, 21 anni, ero studente a tempo pieno, anzi facevo più corsi degli americani. Andavo benissimo, e studiavo tanto. Ma la società americana ti invoglia a lavorare. Lì nel campus c'erano già tante possibilità per lavorare. I miei amici non-americani, e più abbienti, come Nabil il libanese o i fratelli de Givenchy, non credo abbiano mai lavorato in college. Ma nella vita bisogna sempre cercare di imparare i lati migliori delle cose. Loro erano bravissimi ragazzi, ma vedevo che molti altri, soprattutto gli americani, anche se non ne avevano tanto bisogno, facevano lavoretti che gli fruttavano qualche soldo.

Il primo che feci fu con Beth. C'era un posto, l'Employment Office (praticamente Ufficio Collocamento), dove c'erano degli annunci di impiego appesi al muro. Beth mi propose di andare a fare i camerieri ad una festa. Volevano due ragazzi/e. Ci avrebbero pagato $50 dollari a testa. Con la mia sgangherata Oldsmobile, ci trovammo in questa villa megagalattica a Greenwich.

Era una festa di persone sulla cinquantina, tutte elegantissime, e la villa era enorme, con bei mobili stile falso ottocento ma probabilmente costosissimi. C'era caviale, champagne, salmone, e noi camerieri in guanti bianchi. Una volta servito il buffet, il resto del servire lo fece Beth, molto più 'presentabile', americana, e bella di me. Io sciacquai piatti per almeno 2 ore, e poi aiutai a pulire, mettere a posto, ecc. A quei tempi il minimum wage, cioè il salario minimo negli USA, era di $3.25 all'ora. Lavorammo per almeno 5 ore. Ci pagarono, per come pensavo allora, profumatamente. I $50 dollari più sudati della mia vita, ma quelli che ricordo con più orgoglio.

Per andare dall'Italia negli USA, il più delle volte in quel periodo prendevo la Jugoslovensky AeroTransport (JAT). Da Fiumicino, dei vecchi aerei mi portavano a Belgrado. Il biglietto comprendeva anche il pernottamento. Un albergo sicuramente molto bello 50 anni prima, ora decrepito. Facevo due passi negli isolati circostanti. Nei negozi solo ferri da stiro che avrebbe rifiutato anche una delle mie nonne. Televisioni in bianco e nero vendute come un lusso. Poi il giorno dopo arrivavo in America dall'altro lato della guerra fredda.

Feci il cameriere in college altre volte, ma mi accorsi presto che non era lavoro per me la prima volta che versai caffè sul tavolo. Il lavoro che feci più spesso in college, per almeno cento ore, era il bibliotecario. Mi rilassava moltissimo rimettere a posto i libri che venivano riportati in biblioteca. Mi rintanavo nei corridoi bui e male illuminati della biblioteca, e mettevo a posto i libri. Spesso sfogliandone le pagine, perché molti non li conoscevo. Ma a volte mi capitava "La Divina Commedia', o un libro su Galilei.

E capivo che il mondo è tondo, è una cosa sola, e la cultura è universale. Non ci sono, o almeno non ci dovrebbero essere, barriere al sapere. Anche se prendevo solo il minimo di stipendio, era un lavoro dove imparavo. Il libri, come ha detto John Little, "sono amici che ci danno sempre il meglio di se stessi, che non ribattono mai, e sono sempre disponibili. Quando ci affideremo a loro per un po', ascoltando umilmente il loro racconto, ci solleveremo dai nostri affanni, e conosceremo la pace dei saggi." In biblioteca ero tra tanti amici.

Una delle esperienze più spensierate del College è lo Spring Break. È la vacanza di una settimana che ogni College programma verso marzo, all'inizio della primavera. La maggior parte degli alunni, prende e parte. Quasi tutti verso il caldo, quindi Florida o Caraibi. Pochi soldi, ma tanta energia, e ormoni a mille.

Io mi misi daccordo con Scott, un ragazzo di New York con cui giocavo nel team del tennis e che era anche uno dei 6 con cui dividevo la suite a Tenney il mio Junior year. Decidemmo di andare in Florida. Per risparmiare, andammo in macchina, la mia scassatissima Oldsmobile. All'ultimo minuto, Scott mi disse che veniva anche una ragazza, di cui oramai ho dimenticato anche il nome. Diciamo che si chiamava Jenny.

Jenny era di un anno più giovane di noi. Aveva i genitori a Miami, e aveva chiesto a Scott un passaggio. Lei ci avrebbe poi ospitato a casa dei suoi. Ottimo patto. Partimmo con tanti sogni, qualche t-shirt bucata, costume pronto, pochi soldi, per la benzina.

Il viaggio da New York a Miami dura circa 24 ore. C'è questa bellissima autostrada chiamata '95', 'ninety-five', che passa lungo tutta la costa dell'est, e ti porta dritto dritto dal Canada a Miami. Puoi andare al massimo a 65 miglia (105 Km) all'ora, e spesso solo a 55 (90 Km) all'ora. Visto che le multe sono salate solo dopo le 80 miglia (130 Km) all'ora, praticamente ti metti a 120-125 km all'ora, e vai. Il limite è rispettato da tutti. Ferrari, Mercedes, BMW, e anche Oldsmobiles come la mia.

L'esperienza è fantastica. Si dice che per goderti la vita non devi pensare solo all'arrivo, agli obbiettivi da raggiungere, ma a goderti il viaggio. Andare da nord a sud negli USA è godersi il viaggio. Parti che c'è ancora la neve per terra. Già a Philadelphia magari pioviccica solo. A Washington è poco nuvoloso. In Nord Carlolina ci fermammo dopo circa 10 ore stremati a dormire. Fuori cantavano le cicale.

In Sud Carolina e Georgia è tutto in fiore, primavera. Apri i finestrini, respiri l'aria, ti sembra di rinascere. Incominci a vedere tanti camper, enormi case che galleggiano sull'autostrada. Le targhe non sono più tutte di New York, o del New Jersey, o della

Pennsylvania. Qui puoi fare collezione di targhe, tutti gli stati dell'est americano stanno correndo verso i raggi più caldi del sole.

Arrivati a Miami, Jenny ci spiegò dove andare. Trovammo prima il quartiere, poi la villa dei suoi. Eravamo a Coconut Groove, il quartiere più esclusivo. La Beverly Hills di Miami. Parcheggiai la stremata Oldmobile vicino ad una Ferrari Testarossa, rosso fiammante, splendente anche sotto l'ombra delle palme. Vicino, una Bentley sportiva. Decapottabile. Seppi più tardi che il padre di Jenny era medico, ed era proprietario (sì, proprietario) di una decina di ospedali.

La mia solita fortuna. Io e Scott avevamo gli occhi sgranati. Ci trattarono da principi, malgrado eravamo degli scolaretti. O almeno ci sentivamo tali. Ricordo che, durante la notte, come mi capita spesso, mi alzai per fare la pipì. Uscii dalla mia stanza, al buio, per non svegliare i molti (non avevo capito quanti eravamo quella notte in quella reggia) che dormivano con la porta aperta. Ragazzi, mi persi! Trovai il bagno, uno dei 7 della casa. Ma non riuscii a trovare più la via del ritorno nella mia camera!

Durante lo spring break, sono poche le attività consentite. Mare, sole, 'hanging-out', bere, e, soprattutto flirtare a più non posso. Le ragazze, visto il clima, sono già mezze nude. Ricordo che facemmo visita a degli amici che andavano all'University of Florida. I ragazzi studiavano in costume da bagno, le ragazze in bikini, tutti insieme per terra. Non si poteva camminare intorno a loro, perché si sarebbe calpestato qualche libro o qualcuno.

Scoprii Miami Beach, una sfilza di bar e ristoranti, discoteche e piani bar, da una parte, e dall'altra l'immensa spiaggia, garçonnière di notte per i meno abbienti. Ricordo come era facile abbordare le ragazze. Feci amicizia intima con una stupenda, che portai in spiaggia (o praticamente mi ci portò lei). Lei non credo sapesse il mio nome, o cosa facevo, o da dove venivo. Era lì per scambiare carezze, baci, tocchi, occhiate, balli lenti e scatenati, e molto altro.

Scott soprattutto, e un po' anche io, eravamo cotti dopo 5 giorni. Non solo dalle attività, ma anche dal sole. La pelle di Scott luccicava dal rossore. Decidemmo di tornare, avendo fatto già tutto quello che ci eravamo prefissati di fare, e anche di più. Di storielle di una notte, ci si stanca presto. Si sognano per settimane, mesi. Poi, quando le vivi, ti accorgi che non sono così belle. Come ho già sottolineato in precedenza, fa attenzione a cosa desideri, perché potresti ottenerlo, magari dopo lunghi e grandi sforzi, e accorgerti che non ne valeva la pena.

Tra l'altro, partimmo che pioveva, e non si poteva più neanche divertirsi all'aperto. Scott disse "Inizia a guidare tu". Risalendo verso nord per la lunga penisola della Florida, la pioggia si tramutò in un vero e proprio diluvio. I tergicristalli dell'Oldsmobile non riuscivano a muoversi abbastanza veloce da togliere tutta quell'acqua dal parabrezza. Nell'oscurità, resa totale dal manto dell'acqua e della nebbia da lei causata, riuscivo solo a vedere che gli americani avevano fermato le macchine sul ciglio della strada, e aspettavano a fari accesi che la pioggia si affievolisse un po'.

Io? L'avete immaginato. Continuai a guidare, piano, ma sempre avanti. Chiesi a Scott di darmi il cambio, ma lui già aveva abbastanza paura a fare il passeggero, e si rifiutò di guidare. La pioggia, a volte più forte, a volte meno forte, continuò. E continuò. E continuò. Scott si rifiutò di guidare fino a quando non avesse smesso di piovere. Tra l'altro non si sentiva sicurissimo nella mia Oldsmobile.

Insomma, guidai io, di seguito, senza interruzioni eccetto pipì e benzina, sempre sincronizzate, fino a New York. Fino al College. Arrivammo nel primo pomeriggio, ancora pioveva. 24 ore di guida continua sotto la pioggia. Parcheggiai di fronte al Forman, il nostro building. Spensi il motore.

La macchina, fece un breve, piccolo rumore sordo, ondeggiando un po' sui fianchi. Come una piccola convulsione epilettica, una petit-mal. Un fumo bianco, denso, impenetrabile dalla luce, uscì dall'enorme cofano sul davanti. Una nuvola in più, questa ancora più bianca delle altre, che erano grigie nel cielo. Provai a girare la chiave, a riaccenderla. Nessun rumore. La macchina non partì mai più. Dovetti addirittura pagare un carro attrezzi $10 per portarla a rottamare.

Beth, che non era venuta in gita, mi aspettava. Ve la descrivo meglio. Ragazza slanciata, lunghi capelli castani luccicanti e soffici, sorriso dolce, viso aperto, ma timida, un po' pigra. Talmente bella che faceva la modella a New York, nel tempo libero. Veramente una bellezza mozzafiato. Quando venne in Italia la gente la seguiva ammaliato. Verso la fine del college, ci lasciammo, visto che avevamo raggiunto l'anno e mezzo e passa insieme, e non me la sentivo di sposarla. Solita regola.

La sera del gran ballo di fine anno scolastico, amoreggiai con Michelle, amica mia come di Beth e di tanti altri nel nostro giro. Michelle era simpatica, rideva sempre, era giocherellona. Non facemmo l'amore, ma sul prato del Quad, di notte, sotto le stelle, facemmo tutto quello che si può fare senza chiamarlo proprio sesso. Né io né lei avevamo il/la ragazzo/a. Liberi, sapevamo che quella sarebbe stata una serata speciale, e che sarebbe finita lì.

Ci fu qualcuno però che non la pensò così. Anzi, qualcuna. Io, saranno state le 2 di notte, tornai in camera mia. Quella che era adiacente al bagno in comune di Sidi. C'era un bellissimo silenzio, ed io ero sereno, anche se non ero riuscito a convincere Michelle a venire in camera con me. Mi assopii.

Per risvegliarmi sotto il tiro di una mitragliatrice. Non so come lo avesse saputo, ma Beth era al corrente di quello che c'era stato tra me e Michelle. Malgrado io e lei (Beth) non fossimo più insieme, tutti sapevano che io ero il suo ex, e lei evidentemente si sentiva lo stesso tradita. Mi tirò adosso tutto quello che c'era vicino alle sue mani. Libri, vestiti.

Ma soprattutto le foto incorniciate che avevo sui muri. Che avevano il vetro sopra. Spaccandosi contro il muro dietro di me, o spesso su di me (Beth era un'atleta formidabile, mi batteva anche a tennis), esplodevano come bombe, e facevano rumore come tante cariche di dinamite, rimbombando nella camera, lungo il corridoio, nel buio di quella calda notte stellata di giugno.

Piangeva, tirava, gridava, ritirava, inveiva. Non c'era verso di calmarla. Il tutto sarà durato 5 minuti, ma per me un anno intero. Ricordo che ero più dispiaciuto di averle fatto male che altro. Una volta terminate tutte le munizioni, e 'spolverati' i miei muri, uscì. Mi alzai, per correrle dietro. Senza pensare. Per chiederle scusa, anche se non avevo fatto niente di male. Ma male a lei lo avevo fatto di sicuro. L'anno dopo ci rimettemmo insieme, quindi in fondo mi perdonò, ma non quella sera.

Camminando al buio in camera, con le sole mutande boxer, cercando di capire da che parte fosse andata, anche i miei piedi durissimi sentirono che camminavo su mille pezzettini di vetro. Frantumati per tutta la stanza, sul letto, anche nelle pantofole. Dopo pochi secondi, quando ancora non mi ero completamente reso conto di quello che era successo, arrivarono prima Nabil, poi Sidi. Nabil accese la luce.

C'era sangue dappertutto, non solo cocci e vetri. Nabil aveva sentito i rumori, e pensava che mi avessero ucciso. Il sangue (dei miei piedi) non lo fece calmare. Voleva chiamare la polizia, e portarmi subito in ospedale. Meno male che non ha fatto il medico. Io ero preoccupato solo per Beth, che mi sembrava la vittima. Nabil e Sidi, arabi, dissero che ero matto. Da legare.

Da veri amici, passarono le successive due ore a pulire la camera con me, dopo avermi tolto un paio di vetri dalle piante dei piedi. Il giorno dopo feci la 'laundry' (lavanderia) di notte, così che nessuno vedesse tutto il sangue sulle mie coperte. Zoppicai per alcuni giorni. Ho una cicatrice sotto il piede destro che mi ricorda quella notte. Nabil credo abbia ancora gli incubi, ed è incredulo che io sia uscito vivo da una stanza con tali rumori.

Uno dei molti posti di ritrovo del Manhattanville College era il 'pub', cioè il bar/discoteca ubicato vicino alla sala ristorante. Era un posto buio, aperto credo quasi tutte le sere, dalle 8 in poi, dove si andava a bere una birra e a ballare. Sì, ci si andava anche per guardare le belle compagne di college. La cosa più divertente era avere una birra in mano, e vederle ballare, parlare di loro con gli amici.

Eric Madsen è un ricco ereditiero di Haiti. Mentre il 90% della popolazione è nera, e poverissima, poche famiglie bianche, come quella di Eric, ancora a quei tempi avevano in mano potere politico e finanziario, e possedevano latifondi e ville hollywoodiane a Port-au-Prince. Ma era difficile che questi pensieri ti rendessero antipatico Eric, che è un bonaccione, simpatico, semplice.

Innamorato pazzo di Lisa, forse avrebbe anche potuto conquistarla se ci si fosse avvicinato, ci avesse parlato, magari le avesse detto delle ville a Miami, dell'appartamento a New York, e delle altre meraviglie che mi raccontava della sua famiglia. Lui preferiva guardarla, e fantasticarci sopra.

Ma quando mettevano la musica giusta, si ballava. Adoro ballare, ed è una delle cose che mi manca, visto che a Paola non piace. La 'nostra' canzone, in college, era 'Red red wine', di Ziggy Marley. "Red red wine you make me feel so fine..." La mettevano per noi più volte ogni sera che c'eravamo. Il nostro ballo era mettere le braccia incrociate sul petto, e saltare come matti, come tante molle, dritti, intorno alla pista da ballo.

Le ragazze di solito si allontanavano, e ci guardavano, sorridendo ma credo pensando che fossimo un po' pazzi. Probabilmente la verità è che siamo e rimaniamo tutta la vita bambini, e certe occasioni ci danno le emozioni giuste per farci tornare in questo stato emozionale primordiale e spensierato. Ogni volta che sento "Red red wine", mi viene il buon umore, e inizio a sentirmi le molle sotto i piedi.

Ricordo che una notte, uscii dal pub con una ragazza, credo si chiamasse Alex. Non era bella, neanche brutta, abbastanza simpatica, molto americana. Per me, aitante italiano "tall dark and handsome", un gioco da ragazzi. Non riuscimmo neanche ad allontanarci molto dal pub. A meno di 8 metri dall'uscita del pub, dietro un cespuglio, consumammo la passione dei ventenni.

L'incredibile però non fu quella sera. Alex era una ragazza matura, probabilmente consapevole più di altre di quello che le piaceva, e dell'inutilità in alcune situazioni di corteggiamenti e moine. Così, da quella sera non venne più al pub. Io ci andavo, stavo con i miei amici, bevevo una birra, ballavo "Red red wine", mi divertivo un mondo, spensierato, senza lo stress di corteggiare nessuna. Poi, con una scusa, me ne andavo. E andavo direttamente in camera di Alex, che aspettava a letto, con le luci soffuse.

Un'altra cosa bellissima dei 2 anni e mezzo che feci nel college furono le gite a New York. Mi ero comprato apposta per $1,000 la vecchissima Oldsmobile da un ragazzo svizzero che si era diplomato. La usavo per caricare i miei amici ed andare il venerdì e/o il sabato sera a Manhattan. Io ci mettevo la macchina, a volte si divideva per la benzina. Per entrare nei locali, bar e discoteche, Nabil pagava per chi non se lo poteva permettere.

Posti fantastici, con ragazze mozzafiato. Tutte vestite al top, modelle internazionali. Noi a parlare francese, italiano, spagnolo, portoghese, un gruppo internazionale. Ricordo 'Au Bar', e altre discoteche, a più piani, con gente travestita, gay, insomma gente stranissima, diversa da noi, interessante.

Per entrare, spesso ti 'sceglievano', e quindi, 'obtorto collo', ci portavamo le ragazze. Se veniva la mia Beth, si entrava sempre. Ricordo una volta che andammo a Manhattan io e Bernardo, il portoghese squattrinato, soli. Provammo per ore, ma non riuscimmo ad entrare in nessuno dei locali vip. Finimmo a bere una birretta in uno sfigatissimo bar, non bene accompagnati.

A ripensarci, la cosa più assurda era il ritorno. Spesso si erano fatte le 5-6 di mattina. Era quasi o già giorno, albeggiava, e non c'era nessuno su quelle strade di New York che ci riportavano nei sobborghi, al college. Strade di solito bloccate dal traffico.

Non ho mai avuto problemi, probabilmente perché ero quello che beveva di meno. Ricordo però che ogni tanto dovevo accostare, qualcuno vomitava la serata sul ciglio della strada, ma raramente. Sono orgoglioso di aver fatto divertire tanta gente simpatica, ed averla accompagnata in modo sicuro. Tutti si fidavano di me.

L'ultimo anno fui eletto Tesoriere di tutto il college. I miei amici fecero campagna elettorale per me. C'erano poster nel campus dappertutto. La banconota da un dollaro era appesa dappertutto, enorme, con la mia faccia al posto di quella di George Washington. Ero popolare, vinsi alla grande. Mantenni le 'casse dello studente' in positivo, spendendo la maggior parte dei soldi in feste e manifestazioni sportive e culturali. Impegni del genere ti arricchiscono il curriculum, e probabilmente mi hanno aiutato ad entrare a medicina ed arrivare dove sono arrivato.

Il sabato e la domenica erano di relax. Ma non per me. "Rilassarmi? E fare che?", mi sono chiesto spesso nella vita. Non è da me. Ricordo che spesso avevamo le trasferte, o per la squadra del tennis, dove più che altro ero una comparsa, o quella del calcio, dove ero una star. Ci si doveva trovare vicino alla palestra, dove c'era ad aspettarci il pullman della scuola, verso le 8 di mattina. In college quello è un orario in cui dormono tutti.

Prima di partire l'allenatore ci contava. Come ben sapete, dovevamo essere almeno 11, ma meglio 13-14 con le dovute riserve. Giocavamo 11 contro 11, un vero campionato. Con maglie, numeri dietro, calzoncini, calze, tutto sponsorizzato dal college, coi colori bianco e rosso di Manhattanville. Ricordo ancora ora che avevamo la maglietta rossa per le partite casalinghe e bianca per le trasferte.

Io giocavo centravanti. Capocannoniere della squadra. L'ultimo anno fui anche capitano. Ma quei weekend, presto la mattina, verso le 8, eravamo di solito solo 7-8 ad aspettare vicino al pullman. E gli altri? Era divertentissimo scovarli. Alcuni di noi che aspettavamo tornavamo ai 'dorms', e andavamo nelle stanze delle ragazze dei nostri compagni di squadra. Dopo le nostre botte sulle porte e qualche urlo, alla fine la ragazza sbatteva fuori, spesso in mutande, il nostro compagno, che, con un alito mattutino impastato di birra e batteri notturni, spingevamo verso il bus. Durante il viaggio, mentre il pullman saltellava sulle strade malmesse dei sobborghi di New York, si svegliavano.

Eravano una squadraccia. Perdevamo quasi sempre. Nei due anni di campionato intero che feci, il nostro "record' era tipo 11 sconfitte e solo una o due vittorie. Una volta perdemmo 7-2 sotto la pioggia battente contro SUNY (State University of New York) Purchase. Feci due gol in mezzo al fango che ci arrivava alle caviglie.

Un'altra volta mi portarono al pronto soccorso dopo un gol. Presi una palla alta di testa, mentre il portiere col pugno teso mancò il pallone ma prese me in faccia benissimo. Spesso uscivo sul giornalino del college come migliore della squadra, in quanto facevo i pochi gol che raggranellavamo. Ne ero orgoglioso. Per le partite in casa, venivano anche a vederci un centinaio di amici e parenti.

L'unica altra volta che andai al pronto soccorso in college fu per un taglio sul cranio. Ero talmente felice, che stavo ballando e saltando per i corridoi bassi del mio dorm, e sbattei la testa contro il soffitto. Io non mi ero accorto di niente. Spesso mi taglio ma neanche me ne accorgo. La pellaccia Tortorici. Ma se ne accorsero gli altri, i miei amici. Io non ci volevo andare, e avevo ragione, non ci vollero nemmeno i punti. Ma tutti, credo ancora oggi, ricordano l'italiano sempre di buon umore, talmente felice che saltava di gioia sino a toccare il soffitto col suo scalpo coperto di ricci neri.

L'iscrizione a medicina

"La vita è strana: se accetti nient'altro che il meglio, spesso lo ricevi"

William S. Maughan

Giunse quindi il momento in cui dovevo inviare le domande di iscrizione a medicina. Venne presto, perché ero arrivato solo nel gennaio del 1984, e già nella primavera del 1985 ero un Junior, cioè uno del terzo anno. Avendo quasi tutti A a parte due B+, mi sentivo fortissimo. Scrissi a Harvard, Yale, University of Pennsylvania, New York University, e molte altre Ivy League Schools perché mi mandassero la domanda d'iscrizione.

Intanto mi incontrai con le mie 'mentoresse'. Sì, a parte la mia ufficiale, la professoressa di biochimica, anche Motor-mouth Mary voleva essere partecipe delle mie scelte, del mio futuro. Quando vide che volevo mandare le domande solo a quelle scuole, mi riportò alla realtà. Senza dirmi che spesso negli anni precedenti nessuno riusciva ad entrare a medicina dal quel college 'artistico', mi disse di mandare le domande anche ad altri istituti, non meno prestigiosi, ma che io francamente non conoscevo, da bravo italiano provinciale. Mi disse che suo marito, se ricordo bene un oculista, aveva fatto medicina alla Jefferson, a Philadelphia. Ne parlava come fosse la facoltà di medicina migliore del mondo, da dove uscivano i futuri premi Nobel, gli scienziati in grado di salvare la vita meglio di chiunque altro. Quindi, a parte Harvard e company, mandai la domanda anche a Jefferson e ad altre facoltà a me sconosciute.

Dovevo anche affrontare il test nazionale di ammissione a medicina. Si chiama MCAT (Medical College Admission Test). Visto che a Manhattanville poco si sapeva di questo test, mi iscrissi a dei corsi (costosissimi) fatti apposta per prepararsi a questo esame offerti da una società chiamata Kaplan, leader nel settore. Gli uffici della Kaplan erano ad un quarto d'ora d'auto fuori dal campus, e i corsi erano serali o nel weekend, quando i miei compagni erano fuori con le ragazze, al bar, a giocare a pallacanestro, o dediti a qualche altro svago. I corsi erano difficilissimi, e iniziavo a capire la difficoltà dell'esame e del fatto di aver frequentato un buon college, ma non dei corsi adeguati e specifici per chi sogna di accedere a medicina.

Abituato a primeggiare nello studio sia in Italia che in America, per la prima volta non presi il massimo, e nemmeno un ottimo voto. Decisi l'estate del 1985 che, se davvero volevo entrare, dovevo rifare i corsi per entrare a medicina. Ricordo che almeno una volta mi preoccupai. Camminavo nel prato verde e silenzioso dell'enorme 'quad' di Manhattanville, sotto un cielo sereno ma vuoto di risposte. Se non entravo a medicina, tutti quegli sforzi finanziari della mia famiglia e di studio miei non sarebbero serviti a nulla, uno spreco assoluto. Non volevo rimanere in America a fare l'insegnante di biologia o a lavorare in laboratorio. Non era il mio sogno.

Ora rischiavo che quelle erano le uniche alternative ad un ritorno in Italia da sconfitto, con 2-3 anni di università persi. Dover tornare a Chieti, per di più con la coda tra le gambe. No! Andai meglio la seconda volta che feci l'MCAT. Rifletto ora che è bello che ti diano la possibilità di riprovare. Così inviai le lettere, con gli assegni dentro (si pagava circa $50 di allora per ogni domanda!) e tanta speranza. Chissà quanto avrà pregato mamma.

Le risposte dovevano iniziare ad arrivare a febbraio del 1986. Ricordo che una delle prime che ricevetti era dalla New York University. Non era, come mi aspettavo, una lettera di rifiuto. Mi rimandarono addirittura indietro l'assegno di $50, dicendo che non potevano accettare la mia domanda in quanto straniero. Ci pensate? Avrebbero potuto intascare l'assegno e dirmi che non mi accettavano, implicando che i voti dell'MCAT non erano alti abbastanza o Manhattanville non un college di rilievo. Che onestà.

Harvard, Yale e company intascarono, e mi mandarono brevi e gentili lettere di rifiuto. Alcune, invece, mi invitarono all'interview, il colloquio che può essere l'anticamera dell'accettazione, dell'offerta di un posto da studente di medicina!

Non scorderò mai la mia visita e 'interview' (colloquio) all'University of Pennsylvania. È (ora lo so, allora no) la facoltà di medicina più antica d'America, e tra le migliori e più famose. Per me fu difficilissimo anche quello che per gli americani era più facile. Per esempio, trovare le autostrade giuste per arrivare, trovare da parcheggiare. Ancora ricordo come sudavo freddo quando capii che l'università era fatta di dozzine di edifici, e io non riuscivo a capire da dove entrare.

Sono passati 22 anni, e ricordo quei momenti come allora. Percorsi Spruce Street avanti e indietro parecchie volte, entrando in molti di quegli immensi e antichi palazzoni, alla ricerca di quello giusto. Alla fine, l'ingresso giusto era quello dietro il cancello enorme di ferro, alla fine di una lunga via secondaria, e poi si doveva girare in fondo a sinistra. Wow.

Arrivato nella sala conferenze giusta, trovai di fronte a me dozzine di aspiranti dottori già arrivati. Ci davano subito dei cartellini che ci appendevano al risvolto della giacca. Mi guardai intorno, come un bambino perso nella giungla si guarda intorno per scrutare il pericolo. Erano tutti vestiti uguali, completo blu scuro, camicia bianca, scarpe nere lucide. Io, vi chiederete?

Nessuno mi aveva avvertito, informato. Mia mamma mi aveva sempre detto che vestire elegante voleva dire giacca blu e pantaloni grigi, e quella era la mia tenuta. Per giunta i pantaloni erano di lana pesante. Le scarpe non erano lucide per niente. Penso avessi ancora i calzini bianchi in dotazione a tutti gli italiani di quegli anni, e mai visti, neppure al negozio, in America. Tutti con le calze nere o blu scure.

Mi misero il cartellino:

Vincenzo Berghella
Manhattanville College

Niente di più ridicolo. Leggevo di nascosto e con terrore gli altri cartellini:

John Smith
Harvard University

Josh Schwartz
Yale University

Jane Doe
Stanford University

e così via. Ero proprio un pulcino caduto in un nido di aquile.

Non scorderò mai il colloquio. Le interviews erano due, una con un professore, una con uno studente di medicina. Non ricordo molto dell'incontro con il professore. Ma ricordo perfettamente l'incontro con lo studente. Penso che ancora adesso ride, e si domanda come abbiano fatto ad offrirmi un'intervista. Non ero preparato, era il mio primo colloquio. Ora so che bisogna dare risposte brevi. Bisogna farsi importante, darsi un tono, sembrare forti, determinati.

Parlai sempre, di continuo, nel mio pessimo inglese (ero in America da poco più di un anno!), di mia madre, di mio padre, dei miei fratelli, della mia vita in Italia. Che gliene poteva fregare allo Yankee dell'University of Pennsylvania, che cercava un ragazzo intelligente che volesse passare i prossimi 4 anni a studiare 24 ore su 24 medicina? Poco tempo dopo ricevetti la lettera di rifiuto dell'università.

Agli altri colloqui andò diversamente. A Jefferson il mio colloquio prima fu con una professoressa alquanto simpatica. Poi parlai con uno studente di medicina fuori nel parco giardino dietro la biblioteca, all'aperto, in una bella giornata di sole. Forse sarà stato perché avevo fatto già qualche colloquio, e avevo acquisito esperienza, ma mi sentii molto più a mio agio, rilassato.

Febbraio e marzo passarono con qualche lettera di rigetto, nessuna di accettazione. Le lettere di rigetto erano tutte sottili, in quanto il foglio che annunciava la cattiva novella era uno solo. Chissà cosa mi aspettavo per la lettera di accettazione. Forse un pacco. Non lo so. So che uno dei primi giorni di aprile del 1986 ricevetti una lettera con fuori l'effige del Jefferson Medical College della Thomas Jefferson University.

Non osavo aprirla. A maggio avrei finito il college, con un curriculum fantastico, ma non sarebbe servito a nulla, per me, se non entravo a medicina. Ricordo presi la lettera dal mio mail box prima di pranzo, e c'era la mia ragazza Beth vicino a me. Le chiesi il favore di aprirmela. Io non ne avevo il coraggio. La aprì mentre scendevamo le scale verso la 'cafeteria'. La lesse, io mi girai, vidi il suo viso, aveva un sorriso dolce. "You got in!", e mi abbracciò.

The harder I work, the luckier I get
(Più lavoro sodo, più sono fortunato)

L'impegno paga. Finii il College con una media (si chiama GPA, o Grade Point Average) di 3.87 su 4.0 come massimo, visto che tutti i miei A valevano 4 punti. Mi valse un diploma di Bachelor of Arts 'Summa Cum Laude', termine che dovetti tradurre a tutti i miei amici americani, ma non a voi. Raggiunsi il mio obbiettivo. Il mio sogno degli ultimi due anni e mezzo si avverava.

Ebbi un ultimo, inaspettato successo a Manhattanville. Un giorno, mentre camminavo per il campus con amici, mi raggiunse una compagna estatica. Michelle mi disse: "Ehi, ma non l'hai saputo? Hai vinto il premio 'Scholar Athlete', uno dei premi più ambiti a Manhattanville". Io neanche sapevo di che stava parlando.

Ebbene, c'era stata una premiazione per i migliori studenti dell'anno. Io sapevo di essere nei primi 5 (su ottocento e passa), ma non pensavo di essere il primo, quindi preferii fare altro. Ho sempre guardato avanti, e ormai Manhattanville College era servito allo scopo, ero entrato in una scuola di medicina, ed anche ottima a detta di tutti (alcuni senz'altro increduli e invidiosi).

Ma c'era ancora dell'altro successo. Ero stato pubblicamente premiato dal corpo dei professori come miglior 'atleta studente', che per loro è il massimo dei successi. Essere bravissimo a scuola, ma anche un ottimo atleta. Ero stato infatti anche capocannoniere come centravanti della squadra di calcio, per altro quasi sempre perdente seppur nella terza lega, l'ultima dei college. Eppure, per loro valeva una coppona grande, con tanto di nome (il mio!) e premio inciso, che conservo ancora come uno dei miei più grandi 'achievements'.

Questa è l'America. Ti impegni. Dai il meglio di te stesso. Studi e fai gli esami con onestà, a volte testardaggine, sempre con dedizione e spirito di sacrificio. E vieni premiato, puntualmente. Anche quando non te lo aspetti. Dicono: "The harder I work, the luckier I get". È vero: "Più lavoro sodo, più sono fortunato". Io ci credo ciecamente. Questo detto non ha mai fallito, almeno per me, negli States.

Le ragazze americane

"Irresistibile bisogno di amare"

Sapete cosa fu l'ultima cosa che mi disse mamma il 22 gennaio 1984, all'aereoporto, mentre mi stavo avviando a prendere l'aereo verso New York, ed intraprendere la mia nuova vita americana? "Moglie e buoi dei paesi tuoi!"

Dedicherò un libro intero alle donne, ma voglio un po' soffermarmi sulle donne americane. Ne ho conosciute tante, tantissime, in tempi non sospetti, da scapolo, dai 20 ai 30 anni, quando si può fare. Brune, bionde, più scure, più chiare, più gialle, più sportive, protestanti, ebree, insomma di tutto un po'.

È difficile stereotipare la ragazza americana in confronto alla ragazza italiana. Soprattutto io confronto ragazze di provincia, a Pescara, con ragazze di New York o Philadelphia, metropoli internazionali. Ragazze adolescenti, italiane, con ragazze all'università o già al lavoro. Ma si possono fare dei raffronti, soprattutto ora dopo aver passato la quarantina (di anni) e studiato a fondo la questione.

Le ragazze italiane sono più eleganti, più raffinate. La ragazza americana è più disordinata, sportiva. Beth e Betsy tutte e due giocavano a tennis come se non meglio di me. Betsy era appassionata di sport sia fatti (maratona!) che visti (NBA) più di me. I suoi piedi erano martoriati dalle sue corse. Malgrado bella, quando voleva fare la raffinata, si sapeva vestire bene, ma non riusciva, almeno ai miei occhi, mai ad essere elegante come un'italiana.

Le ragazze italiane sanno come agghindarsi. Soprattutto in alcune regioni. Vai a Bologna, Roma, Milano: anche le brutte riescono a valorizzare quel minimo di bellezza che hanno. Se hanno il nasone, ci mettono un ciuffo davanti a nasconderlo. E magari valorizzano un seno mozzafiato con grandi decolté. Se hanno gli occhi piccoli, li disegnano con la matita in modo da mimetizzare questo tratto. E magari sfoggiano una minigomma cortissima per distrarti con le loro gambe.

Le americane invece si mettono quello che trovano la mattina. Una T-shirt, vecchia stracciata e con la scritta che si è rovinata. Jeans lisi, neanche alla moda. Niente vita bassa, magari neanche attillati. Scarpe da tennis, sempre. Ricordo Beth, che per un periodo lavorò alle Nazioni Unite a New York. Doveva andare ben vestita. Si comprò alcuni tailleurs, da Bloomindales a New York. Non stava male.

Ma la mattina, quando usciva di casa, mi dava un colpo al cuore vedere che, sotto il tailleur, portava le scarpe da tennis. Sarebbe arrivata così a piedi al Palazzo di Vetro, con le scarpe eleganti dentro un busta. Vederla così, coi calzettoni sopra i collant e poi le scarpe da tennis trasandate era ed è per me inguardabile. Uccide ogni parvenza di sexy.

In effetti è comodo vestire come gli americani. Vai per strada anche in pantofole, o con la camicia vecchia e stracciata, tanto non ti dice niente nessuno. Quante volte mi sono dovuto sforzare di guardare una ragazza americana, ed immaginarla meglio vestita. O nuda, perché nude sono belle quanto le italiane. Forse di più, se ti piacciono seni generosi anglosassoni, sederi tosti, corpi scolpiti dallo sport, occhi grandi chiari, e pelli perlate.

Le americane si radono tutte sotto le ascelle. Hanno bisogno di meno profumo delle italiane, perché si lavano in continuazione. I capelli sono spesso senza lacca, e pozioni varie. Soffici, profumati di shampoo. Le italiane quindi sono più belle a vedere, ma certe volte peggio da toccare. L'America è quello che sembra. E spesso è molto, dico molto meglio nuda che vestita.

Le ragazze americane mi sono sempre sembrate più facili da conquistare. Sono più vere. Più oneste. Fanno meno moine o storie, diversamente dalle italiane. Hanno meno mal di testa, meno crampi mestruali, sono più toste fisicamente, nel senso che stanno bene. Le ragazze italiane in confronto sono fragiline. Si lamentano che piove perché gli si disfa il capello del parrucchiere. Le americane ci vanno poco o mai dal parrucchiere.

Le americane bevono di più. E quindi sono, quando le porti fuori, più disinibite, sorridenti, simpatiche. Ballano tutte, non se la tirano. Ricordo una studente di fisioterapia. Giovane, sportiva, occhi blu, capelli biondi, sempre serena. Mi invitava nel suo appartamento. Preparava una bottiglia di Southern Confort, un liquore del sud degli USA, e due bicchieri. Luce soffusa, e il pavimento coperto da moquette. Era così che mi corteggiava. Sfacciatamente, senza falsi giochi. Ma con ottimi preliminari, e tanta pacifica seduzione.

Le americane (come tutti gli americani) si fanno la doccia tutte le mattine, sono fresche, poco truccate. Le italiane si coprono di cipria che la sera in discoteca quasi non le riconosci, non vedi più i lineamenti veri nascosti dietro i trucchi del trucco. Certo, per la strada a Bologna a me paiono tutte bellissime. Poi la loro erre inimitabile, l'armonia dei colori dei loro vestiti, lo sguardo che vuole ammaliare qualunque maschio gli parli. Questo è lo sport in cui sono incontestate campionesse.

Le americane sono serene e contente coi loro giubboni con cappuccio, che ingrossano anche le magre. Davanti le scritte del loro college: U Virginia, U Maryland, U Arizona. Senza trucco. Anzi, quando si mettono lo smalto alle unghie fanno proprio ribrezzo. Meglio allora senza niente. Molte delle studentesse e delle specializzande con cui ho a che fare giornalmente sembrano molto carine solo con gli scrubs, i panni da sala operatoria.

Poi le vedi fuori per strada, e si truccano male, hanno la T-shirt viola e i pantaloni marroni, le scarpe gialle, fanno proprio pena. Anche i jeans, troppo lunghi o troppo corti, troppo lenti o troppo sformanti. Difficile capire cosa c'è sotto un vestito di un'americana. Le italiane si sanno addobbare, spostano ciccia al punto giusto, o la sanno nascondere. Se hanno qualcosa di bello, su quello c'è un neon ad abbagliarti.

Ai parties importanti tutte cercano di vestirsi bene. Il problema delle americane: cercano di farlo 'troppo' bene. La loro prima festa importante, l'entrata in società, per così dire, è il 'Prom'. È il party degli studenti dell'ultimo (Seniors) e del penultimo (Juniors) anno di High School, cioè del liceo. A 17 e 18 anni, sono belli tutti, femmine e maschi. Ora le nuove generazioni sono ancora più alte, come piace a me.

Si mettono vestiti da sera, che noi in Europa non usiamo più dalla fine dell'ottocento. Pajettes, colori sgargianti, straps, aderentissimi, vestiti lunghi fino a terra. Sembrano torri. Il passaggio dalle scarpe da tennis al vestito lungo è un passo troppo lungo. Non riescono a camminare, anche se a volte belle sono ineleganti per come sono impacciate, come camminano male. I loro piedi si adattano male ai tacchi, non li sopportano. Vedi che quasi cadono. E così alcune restano immobili, in bilico.

Le altre, quelle che bevono un po' di più, presto si tolgono i tacchi. E così... si scatenano. Mentre dovevano sembrare principesse regali, cugine di Lady Diana, una volta senza scarpe si gettano nella mischia della pista da ballo. E ballano a piedi nudi, calpestando e inciampando l'orlo del vestito, costosissimo e ora malridotto. E così cadono le straps dalle belle spalle rotonde, si vede il reggiseno sotto il top che ora è sbilenco, obliquo sul torace. E pensare che 'Prom' viene da Promenade, cioè dovrebbe essere una passarella di bella gioventù.

Invece presto scopri che queste americane non hanno alcuna grazia. Non riescono ad essere sexy come le italiane. Le italiane sono belle e impossibili. Ricercate, sinuose, sempre coscienti del loro look, mai fuori posto. Il capello ben messo, la spilla, l'orecchino simile alla collana, simile al braccialetto. Le calze a rete. Gambe brutte, pantaloni. Gambe belle, minigonna, o almeno gonna. Bella schiena, vestito aperto dietro.

Le americane sono tutt'altra cosa. Quante minigonne su ragazze le cui gambe sarebbero da radiare. Ottime giocatrici di calcio, dai polpacci alla Hulk Hogan, che mostrano i loro gastronemi eccessivamente muscolosi, alla Gattuso. Cosce da prosciutto di Parma abbondanti che scoppiano sotto la minigonna stretta. Cicatrice sul petto che non si nasconde vista la scollatura.

Da un certo punto di vista, le ammiro, le americane. Se ne fregano. Loro sono comode così, con dei vestiti che le italiane non userebbero nemmeno per pigiama. Troppo lo sforzo per coordinare i colori della maglietta e dei pantaloni. Il maschio qui negli USA non è potente abbastanza come in Italia. Non può pretendere che le ragazze, nemmeno le loro mogli, si vestano bene, sexy.

Forse è meglio così. Quando ci provano, le americane si mettono la maglietta e la gonna entrambe dello stesso colore, diciamo rosso, ma di due rossi completamente diversi. Che stanno malissimo visti dal mio occhio italiano.

Te ne accorgi anche quando le porti fuori. Le ragazze americane sono pronte insieme a te. Perché si vestono come te. Si mettono quello che gli sta comodo, hanno il tuo stesso tipo di pantaloni, di calze di cotone. Nessun monile, niente trucco, anzi, risparmiano anche il tempo sulla barba, quindi la mattina fanno prima di me. A meno che non asciughino i lunghi capelli col phon.

Le italiane le devi aspettare per almeno un altro quarto d'ora. Che dico, a volte anche di più. Ci vogliono dieci minuti solo per decidere se mettersi la gonna o il pantalone. Poi inizia il coordinamento della maglietta, il foulard, l'anello, il pendant, gli orecchini, il rossetto, il fard, la matita per gli occhi. E i collant, di cui sfilano almeno due paia prima che quello infilato, alla verifica, si trovi senza smagliature.

Poi i capelli. Con unguenti, phon, ferri da stiro vari li piegano fino a che il piccolo invisibile foruncolo sia coperto. Poi profumo, deodorante. Hanno a disposizione un'intera profumeria.

La moda in Italia poi costringe le ragazze ad un continuo shopping. Se le scarpe vanno a punta quell'estate, tutte le avranno a punta. Se va il grigio, tutte sono in grigio. E scopri che di grigio ne esistono migliaia di specie, tutte meravigliose.

Le americane non sanno neanche cos'è la moda. L'unico grigio che conoscono è quello delle loro sweaters con il marchio del college davanti. Sapete cosa vuol dire sweaters, il maglione a sacco informe che indossano continuamente da appena nate fino alla pensione? Significa 'sudorante', cioè una cosa da mettere quando si fa sport. Loro quasi quasi lo mettono anche quando le inviti a cena fuori il sabato.

Le americane sono più realiste. Se una sera bevono un po', per disinibirsi, e vengono a letto con te, il giorno dopo non ti chiamano. Non pretendono che le tieni la mano di fronte ai tuoi amici. A San Valentino non si aspettano un regalino. E sai anche tu che loro sono libere, e se sei interessato a loro, meglio che glielo fai capire in un altro modo.

Loro non fanno finta che fare l'amore non gli piace tanto, che lo fanno per te. Loro lo fanno soprattutto per loro stesse, perché gli piace, ci si dedicano con passione, a luci accese, di giorno e di notte, a letto o in cucina. O in aereo, in volo. Non hanno inibizioni di posizioni, di grida, di provare e dare piacere.

Anche alle italiane piace fare l'amore, non fraintendetemi. Ma, forse sarà la cultura cattolica, dopo essersi divertite alcune sembrano quasi pentirsi. Le vedi, e pensi che pensano: "Ho peccato"; "Non dovevo". E divertitevi! Che c'è di male. Penso che i ragazzi si conquistino in tanti modi. Ma per mantenerli non bisognerebbe ricorrere al centellinare i momenti intimi di sesso.

Uno deve essere innamorato di una ragazza perché la stima. Perché pensa che sia intelligente. Per come è e si sente quando è con lei. Non solo nella speranza che, ogni tanto, questa si conceda. Certo non deve apparire 'donna di facili costumi'. Ma questo l'americana, più disinibita, non l'appare mai. Quando l'americana è troppo stanca per fare l'amore, te lo dice, rilassata. E sai che è vero. Quando l'italiana ha mal di testa, o le mestruazioni, non sai se se la sta tirando o ha veramente l'emicrania.

Per le americane non esistono mestruazioni o falsa emicrania. Esiste solo che un ragazzo ti piace, o no. Se stanno con te, sono leali. Non flirtano con gli altri. Ti trattano bene. Non ti schiavizzano.

Comunque impossibile fare troppi stereotipi. Ci sono italiane che vestono male, e americane eccezionali che sanno mettersi sexy ed eleganti. I rossetti li vendono molto anche in America. Ci sono ragazze romantiche sia a Roma che a New York. Le gallinelle, o le maniache sessuali, ci sono su tutte le sponde. Di ragazze intelligenti, sveglie, in gamba, ne ho conosciute sia che parlano italiano che inglese. O spagnolo, o francese. L'importante è di poterci aver a che fare, con l'altro sesso.

Poi, quando trovi l'italiana sexy ed elegante, intelligente, che lavora come un'americana, è onesta e sincera, s'impegna in tutto, sembra un'italiana americanizzata, o un'americana italianizzata, cucina meglio di uno chef, è uno scienziato con un intelletto superiore, non si ferma mai né al lavoro né a casa, con tutte le virtù dei due mondi, e nessuno dei difetti, ti fermi e dici: questa me la sposo.

Jefferson Medical School

"Lavorar sodo e distribuire azioni di bontà sono in se stessi premi"

Elisa Medhus

L'università di medicina in America è una cosa seria. Molto seria. È a numero chiuso, entrano solo 1 su 3 di coloro che fanno domanda. Le chances di entrare in una delle top 25 'medical schools' è meno del 10%, spesso meno del 5%, per ognuna. Come vi ho già detto, essere ammessi è un gran successo. Un privilegio per pochi. Sono milioni in America quelli che volevano fare l'università di medicina, e non ci sono riusciti. L' 'imbuto' didattico è lì.

Una volta entrati, vieni trattato già da dottore. Sei un privilegiato. Invidiato. Le ragazze ti si gettano ai piedi. Anzi sono le mamme, e anche i papà, che ti presentano le loro figlie, sperando che si leghino a vita ad un dottore, che, comunque vada, guadagnerà molto bene in futuro. A questo proposito, vi racconto un anedotto, o, come dico io, un 'nanetto'.

Una volta questa realtà mi ha fatto proprio impressione, e quasi senso. Di disgusto. Eravamo al matrimonio ebreo del fratello di Betsy, a Cincinnati. Tutte le sue amiche si sedettero intorno a me. Volevano parlarmi, conoscermi, forse sentire il mio accento, a loro sconosciuto. Arrivò Betsy, serena, simpatica ed estroversa come sempre. Una amica, più intraprendente, disse: "Certo che te lo sei trovato proprio carino il dottorino! Che partito!"

Mi disgustarono. Betsy era una ragazza vera, onesta, lavoratrice. Ero stato io a farle la corte, a sceglierla, non lei me. Sentii che le sue amiche erano ingiuste. Che colpa ne aveva se era innamorata, profondamente come mi accorsi, di uno studente di medicina?

In Italia, se sei studente di medicina, le ragazze neanche ti guardano. Sanno che non guadagnerai per almeno sei anni. Ai miei tempi, non pagavano neanche la specializzazione. Ora che la pagano, in specializzazione non tutti riescono ad entrarci. Quelli che lo fanno, comunque guadagnano meno di 2.000 euro al mese. Le ragazze preferiscono fare la corte a quello ricco di famiglia, o che ha già la BMW.

Non ero abituato a sentirmi una star. Perché, una volta che dicevi 'I'm a medical student at Jefferson', subito, dovunque eri, diventavi il centro dell'attenzione. Le nonne ti incominciavano a parlare delle nipoti. I signori ti dicevano che anche loro avevano fatto biologia in college, ma poi avevano dovuto ripiegare su altre professioni. Le mamme ti chiedevano se già avevi il camice bianco. Le ragazze ti chiedevano se avevi la ragazza.

Pensavo a come era stato, e sarebbe stato diverso dire 'Sono uno studente di medicina a Chieti'. La gente quasi ti compiange. Un futuro di studio duro che non porta a niente. Il difficile che deve ancora venire. L'imbuto della specializzazione che ti aspetta. Lavorare in strutture inadeguate per 4 soldi. Gli esami truccati. I concorsi fatti solo per i raccomandati. Le domande italiane erano: "Ma tu ce l'hai uno zio che ha lo studio? Un parente medico?"

A vent'anni, e a volte anche prima, hai le energie e l'intelletto per sfondare il mondo. Einstein ha scoperto la teoria della relatività a 25 anni. Mozart ha composto la sua prima opera a 14 anni. DeBakey inventato la pompa per il futuro cuore artificiale a 23 anni. Annibale sconfisse i Romani a Canne a 27 anni. Watson scoprì la struttura del DNA a 24 anni. Questa lista potrebbe continuare all'infinito.

I giovani vanno valorizzati. Fatti lavorare. Incentivati. Ascoltati. Responsabilizzati. Aiutati. Devono essere le loro idee a migliorare il nostro mondo. È sempre stato così. Così sempre sarà. Hanno bisogno di buoni maestri, di mentori, e di impegnarsi. Diamogli tutte le risorse che vogliono, e loro ne faranno oro. Facciamoli sudare su qualcosa di importante. La loro mente ancora libera, sveglia, priva di pregiudizi, come una spugna apprenderà tutto quello che una mente più anziana non riesce più a captare.

La facoltà di medicina dura 4 anni in America. Prima devi fare 4 anni di liceo, o 'High School', e altri 4 di college. Quindi 12 anni in tutto, in confronto dei 5 di liceo e 6 di medicina in Italia. I primi 2 anni della scuola di medicina in America sono didattici. Gli ultimi 2, praticamente sei sempre in corsia, fai i turni in ospedale, è per la maggior parte pratica clinica. Avevo la possibilità di studiare ma anche applicare quello che studiavo, e farlo con l'appoggio di ottimi professori, in un ambiente in cui il mio impegno veniva valorizzato e incentivato.

I primi due anni studiai davvero tanto. Da secchione, ero abituato in Italia a studiare 4, 5, 6 ore al giorno. Al college con quei ritmi avevo battuto tutti. Ora non bastavano più. Le lezioni, praticamente obbligatorie, erano 5-6 ore la mattina. Poi si studiava tutto il giorno. E tutta la sera. E un po' della notte.

Il primo anno, non conoscendo nessuno, avevo fatto domanda per una camera nel campus. Per risparmiare i soldi di papà, avevo richiesto un appartamentino doppio, da dividere con un altro. Lo sconosciuto che il fato mi appioppò fu un americano ebreo alto, di bella presenza.

Ma un perdente, misantropo, introverso, senza amici, timido, e un po' egoista. La cosa che non sopportavo è che studiava sempre davanti alla televisione. Cioè si metteva nel nostro piccolo salottino, l'unica stanza passabile nel nostro mini appartamento, e, su una sedia a dondolo, coi libri aperti davanti sulle ginocchia, guardava la televisione. Io non ho mai studiato in quel modo, e mai ci riuscirò. Passava così anche 20 ore al giorno, il weekend. Il mio appartamento era off-limits. Non potevo invitare nessuno a cena. O fare una festa. O anche io rilassarmi un po', o leggere.

Come cambiano le cose: ora probabilmente con la tv accesa ci studiano anche gli italiani. Il mondo si è globalizzato, ci sono meno differenze. Come le Yu-Gi-Ho cards sono dapperttutto, mentre io non conoscevo gli show americani.

La cosa che mi è più rimasta impressa il primo anno è il camerone dove avevamo almeno 35 cadaveri a disposizione. Un cadavere per circa 6 studenti di medicina, a quei tempi. Cadaveri nudi. Pensavo che erano stati uomini e donne con amori, professioni, dolori, vite. E avevano donato i loro corpi perché noi imparassimo l'anatomia. Io ero affascinato da questo pensiero.

Passiamo la vita a coprirci. Non solo per pudore. Nascondiamo il neo, il furuncolo, il tatuaggio che non amiamo più. Nascondiamo i peli sulle gambe, i fianchi troppo generosi, il naso aquilino sotto la frangia. La pancia col suo grasso, o la cellulite, restano il più possibile camuffati sotto i vestiti. Pochi, nei 70 anni e passa della nostra vita, vedono mai i nostri genitali, il seno delle donne.

Ora invece tutti i segreti anatomici erano sotto i nostri occhi, le nostre dita. Non solo. Anche dentro il corpo siamo fatti un po' tutti in modo differente. Le arterie, i nervi, spesso hanno connessioni 'anomale', diverse da un individuo all'altro. Un enorme negro aveva un pene lungo 15 cm, ed era un'attrazione sia per noi maschietti che per le femminucce. Chi aveva il cuore più grande, chi più piccolo.

Ma io pensavo a come tutti questi individui erano stati durante la loro vita. Dai lineamenti, ora raggrinziti dall'immobilità, cercavo di immaginarne la personalità, il carattere. Chissà se erano stati simpatici, o cattivi, o geniali, o altruisti. Dalla muscolatura pensavo che erano stati muratori, o sportivi, o, in alcuni casi, campioni di scacchi.

La maggior parte aveva dai 60 anni in su. Ma c'erano anche quelli più giovani, forse quarantenni. Come erano morti? Perché? Di solito esternamente non c'erano segni di malattia, e nessuno era stato soppostoto ad autopsia. Noi non sapevamo niente di loro. Né il nome, né l'età, né la causa del decesso. Quindi ognuno di loro per noi era anche un puzzle. Un rebus diagnostico. Se erano morti di aritmia, però, o di altri fattori di solito non anatomici, avremmo dissezionato un corpo apparentemente sano.

Era quello che più volevamo. Ogni tanto si sentivano infatti grida di disappunto. Un enorme tumore nella laringe deturpava l'anatomia del collo, e quindi imparavi meno. Un cancro al cervello cancellava la possibiltà di studiare i complessi giri cerebrali. Piccoli tumori al seno, o adenocarcinomi del colon erano meno temuti, visto che lì c'erano meno dettagli da identificare.

Quindi bisognava a volte andare a 'studiare' su un altro cadavere. Per esempio, ad alcuni cadaveri mancava la cistifellea, o l'appendice. Era affascinante come siamo diversi 'dentro'. Il grasso è sicuramente il peggior nemico del nostro corpo. Quando sezioni un corpo obeso, la sorpresa è pensare come quella bellissima e complicatissima macchina che è il nostro corpo possa sopportare un sopruso del genere.

I migliori di noi scoprivano emboli, trombi, cardiomegalie, cor pulmonale in questi corpi oppressi dall'adipe. Queste erano come delle macchine tenute male, sporche, col motore a pezzi. Avevano le gambe gonfie, le vene fragili, le arterie indurite. Alcune estremità inferiori erano rossastre, spellate: chissà, diabete con neurovasculopatia?

Le dissezioni venivano fatte soprattutto la sera, dopo le lezioni. Fuori era buio, dentro le luci erano concentrate soprattutto sui 'bodies'. Cercavo di andare a fare il mio lavoro di chirurgia certosina sul 'mio' cadavere quando non c'erano gli altri 5 che avevano diritto a scavare sullo stesso corpo. Sapevo che alcuni, o alcune, erano troppo 'schifati' da tutto ciò, e non sarebbero mai venuti. Avrebbero solo studiato sui libri, e un giorno fatto radiologia, senza toccare mai un paziente. Ma erano meno del 10%, una piccola minoranza.

Se eravamo in 2 sullo stesso corpo, io magari facevo l'orecchio, un'altra l'addome. Era così anche più divertente. Si impara il doppio. E si possono fare domande, apprendere da un collega già bravo. La sala cadaveri era aperta sempre, 24 ore su 24. Io cercavo di non andarci troppo tardi, dopo le 10 di sera. Rimanevano in pochissimi. Sembrava di essere al cimitero, c'erano meno luci accese.

Ricordo che una volta arrivai e c'ero solo io. Io e 35 corpi nudi immobili esanimi. Me ne andai. Non ho paura in genere, ma ogni più piccolo rumore mi avrebbe fatto immaginare che qualcuno di quei corpi, distesi ed immobili, si alzasse di colpo, e iniziasse a raccontarmi la sua vita. O a ribellarsi perché un mio collega studente gli ha esaminato i tendini della mano, o le coane del naso, o estratto i reni.

Il sabato e la domenica, che non c'erano lezioni, studiavo almeno 12-14 ore. Se non di più. Dalle 8 di mattina alle 8 di sera ero rintanato in biblioteca. Lì non mi disturbava nessuno. Il silenzio era totale. Dovevi stare attento anche a come girare le pagine, per non far sentire neanche quel fruscio.

Per pranzo mi portavo un panino, che divoravo lentamente. La sera, mi compravo un pacco intero di biscotti americani con le chocolate chips. Cioè pieni di pezzetti di cioccolata. Un pacco buono per una settimana per una famiglia. Ne mangiavo un pacco intero a sera. Spesso mangiando 2-3 biscotti alla volta, uno sopra l'altro, a sandwich. Alla fine, prendevo la scatola, la alzavo, la mettevo in pendenza verso la mia bocca, e ne aspiravo le ultime briciole.

L'isolamento fu un giorno lacerato dalla telefonata di Beth, a quel punto la ragazza americana con cui ero stato di più, e meglio. Voleva venire a trovarmi. Inutile dire che, quando mi ritrovai di fronte quel metro e ottantaquattro di modella, non seppi resistere. Povera Beth. Quando veniva, doveva aspettare tutto il giorno per vedermi. Prima delle 8 non mi concedevo neanche a una dea.

L'anno dopo, cambiai ragazza (cioè, ragazze), e dimora. Dal 2° al 4° e ultimo anno, andai a vivere con Lou, Mark e Ernie. Affittammo una casa grande, a 4 piani. Io, fortunato, riuscii ad avere ad estrazione la camera più bella, praticamente attico e superattico. O dovrei dire sottotetto, dove c'era il letto. Avevo, al livello 'attico', anche il balcone.

Al 4° piano, 'attico', c'era anche Ernie, un simpatico e magrissimo ragazzo di colore, che sognava di diventare neurochirurgo. Aveva più bionde lui di un americano bianco. Al 3° piano, c'erano le stanze di Mark, e di Lou. Mark voleva diventare ortopedico, e fare soldi. Era il prototipo dell'americano un po' bulletto, anche se era piccolino. Si fidanzò con la sua ricca biondina, e, dopo l'università si sposò giovane con lei.

Lou era il mio amico. Giocavano a calcio insieme. Come molti americani, è bravissimo a pallone. Centrocampista alla numero 8 d'altri tempi. Diciamo un Capello più mobile, con giocate alla Mazzola. Mi ha fatto fare un mucchio di gol. C'è ancora la nostra foto appesa nella gym dell'università. Sono più di 23 anni che la guardo e riguardo con orgoglio, lì, nella 'Hall of Fame' della palestra di Jefferson, dove vado ancora a nuotare 2-3 volte al mese.

La nostra squadra, il Jefferson Soccer Club, arrivò in finale, dove perdemmo 1-0 il primo anno. Nella foto, io ho ancora i riccioli neri, e Lou un sorriso da ragazzino, con le gote un po' rosse. La nostra maglia era nerazzurra, come i colori di Jefferson, e della mia squadra del cuore in Italia.

Il secondo anno fu l'anno più duro di tutta la mia carriera scolastica. Iniziammo con Anatomia Patologica e Microbiologia, in corsi paralleli. Gli esami di Anatomia Patologica c'erano tutti i venerdì. Dico tutti i venerdì. Allucinante. Il professore aveva una fama di severissimo, come poi avemmo modo di accertarci anche noi.

C'erano ancora i voti con i numeri. Dall'1 al 100. Da 70 in su si veniva promossi. Io ero abituato a prendere sempre sopra il 90, cioè 'A' a Manhattanville. Qui, anche studiando al massimo, era un successo quando arrivavo all'85. Riuscii a non farmi bocciare a nessuno di quegli esamini, e, piano piano, a farmi promuovere con voti accettabili, sopra la media dell'università.

Lou invece non ce la fece, venne cacciato dall'università. E sì, perché se non studi, e vieni bocciato, ti mandano via. Le regole sono chiare, e uguali per tutti. Lou, a parte giocare a pallone e a tennis, si divertiva. Aveva almeno due ragazze. La prima era la 'classica', quella del college, che conosceva la sua famiglia e che sembrava lui un giorno volesse sposare. Bionda, occhi chiari, carina, molto attaccata a Lou, pronta già a fare la moglie e la mamma.

Ma Lou incontrò una bruna, occhi scuri, capelli quasi neri lunghi, magra e alta (più di lui), e se ne invaghì. Durante la settimana 'vedeva' questa, i weekend che tornava a casa l'altra. Se la seconda partiva, lui invitava la prima a stare nel 'Pleasure Dome'. Fu intelligente solo in una cosa: si chiamavano entrambe Jennifer, e il loro nome, almeno quello, non lo sbagliò mai.

Lou è un bravissimo ragazzo, e non voleva trascurare nessuna delle due. Alla fine del primo anno, non andò bene a fisiologia, e dovette rifare l'esame finale. Quindi lo misero subito in 'probation'. Come se gli avessero dato un cartellino giallo del calcio. Un altro cartellino e ti espellono. Lui lo sapeva.

Durante Anatomia Patologica, mentre tutti noi studiavamo lui andava in gita con Jennifer 'la prima'. La 'seconda' studiava intanto come una pazza. Purtroppo per Lou, 'Jennifer' la seconda era talmente brava e brillante che amava studiare 'duro' fino a due giorni dall'esame, e poi, le 48 ore prima del test, svagarsi.

Lou, che sperava di studiare notte e giorno a ridosso dell'esame, veniva 'rapito' da Jennifer, che magari lo portava anche al mare. Venne bocciato sia ad Anatomia Patologica, come ci aspettavamo, ma anche a Microbiologia. E subito espulso dalla Facoltà di Medicina.

E pensare che si chiamava Lou Sweterlitsch III. Sia Lou Sweterlitsch II, suo padre, che Lou Sweterlitsch I, suo nonno, erano stati studenti di medicina a Jefferson. So che suo padre, oculista di successo, aveva donato parecchie decine di migliaia di dollari di quei tempi a Jefferson. Jefferson tollerava questo 'nepotismo' solo fino a quando le persone se lo meritavano. Ma le regole erano le regole. Lou non poté più frequentare.

Erano passati anche per me i tempi in cui mi sentivo 'il migliore'. Il più intelligente. Ora vedevo ragazzi e ragazze che andavano meglio di me. Prendevano spesso voti più alti. E se alcuni probabilmente riuscivano a studiare meglio, altri erano proprio più intelligenti. Studiavano meno di me, e prendevano voti più alti ugualmente. Era una sensazione nuova per me.

Imparai che nella vita non ci si abbatte quando si perde. Anzi, io non perdevo, in quanto ero promosso con facilità. Ma non vincevo più. Non ero il numero 1. A ripensarci, quell'esperienza mi ha fatto molto bene. Avere competizione intorno ti migliora. James Watson, il premio Nobel per la scoperta del DNA, ha detto: "Non essere mai il più intelligente nella stanza in cui ti trovi". Io non lo ero più. Avevo trovato, a Philadelphia, gente migliore di me.

Spesso ci si confronta con gli altri. Vi consiglio di confrontarvi sempre con i migliori. Non posso giustificare i miei figli se dicono una parolaccia e dicono: "Tanto lo dice pure Zach...". Oppure avallare un voto basso per un mio nipote che si difende dicendo: "Sono stati bocciati quasi tutti...".

Quando Paola giustamente mi fa notare il mio comportamento a casa, non dice: "Aiuti quanto aiuta Ignazio". Ma fa il confronto tra me e Biagio, che a casa aiuta più di una colf. E Paola ha ragione. Bisogna sempre misurarsi con persone di successo. Successo per come lo vediamo noi. Se c'è una famiglia i cui figli sono intelligenti, educati, rispettano e sono legati ai genitori, e sono ad Harvard, si cerca in qualche modo di emularli.

A casa con Lou, Mark e Ernie, imparai un po' ad aiutare. Cucinavamo a turno un giorno alla settimana, dal lunedì al giovedì sera. Cose semplici, pasta o pollo, di solito. Facevamo a turno anche la spesa, e dividevamo tutto. Anche se io divoravo più degli altri. Alcuni nostri amici e colleghi avevano dato un nome alla nostra casa: "The Pleasure Dome".

Perché "La villa del piacere"? Be', Mark, con un po' di nostro aiuto, aveva costruito al pian terreno un bar, ora pieno di liquori, mixers, sodas, bicchierini, ecc. Avevamo il televisore, un grande divano confortevolissimo, un giardinetto, le freccette, il barbeque, altri giochetti da ragazzi, non mancava niente. Niente. Spesso facevamo feste gettonatissime. Tutti e 4 avevamo sempre delle ragazze che uscivano ed entravano. Bella vita al "Pleasure Dome". Come piace a me: "Work hard, then play hard".

Io sono felice quando corro un giorno la maratona (New York, 1991), poi il giorno dopo, studio e lavoro sodo. Sentendomi le ossa rotte. Ieri ho fatto un meraviglioso giro in barca intorno a tutta Philadelphia, che è circondata da due fiumi enormi. Ho fatto

anche sci d'acqua sul fiume. Oggi, abbronzato, non vedo l'ora di scrivere, di comporre, di far qualcosa di importante.
Ti consiglio di svagarti sì, ma dopo aver fatto il tuo dovere. Dopo aver lavorato per 24, 36 ore, sì che puoi goderti lo svago. Sei appagato, sei contento di aver salvato vite, di aver 'costruito' qualcosa. E lo svago lo godi di più. "Prima il dovere, e poi il piacere," come dico sempre ad Andrea e Pietro. Senza scordarti il piacere, che è più piacere se ti senti appagato al lavoro, con lo studio, con la casa in ordine.

Una notte solamente mi sentii solo a Philadelphia in quegli anni. Tornai dall'Italia dopo Capodanno. Presi il taxi dall'aereoporto. Era già scuro, inverno, freddo. C'erano almeno 80 cm di neve. Il taxi mi lasciò avanti all'uscio di casa, coperto in parte di neve e ghiaccio. Ero stanco morto. A quei tempi avevo ancora tanta paura dell'aereo. Non avevo dormito, ed erano quindi più di 22 ore che ero sveglio.

Misi le mani in tasca. Le chiavi. Non c'erano. Panico. Mi ero portato le chiavi dall'Italia? Aprii una valigia. Poi l'altra. Lì al freddo, con poca luce. Niente. Ero arrabbiatissimo con me stesso. Quasi mi girava la testa dalla stanchezza. Intanto suonai il campanello. Poi bussai. Sempre più forte.

Nessuno in casa. Evidentemente i miei compagni di casa non erano ancora tornati. Erano la fine degli anni '80, quindi niente cellulari. Tra l'altro la casa dei loro genitori era, per il più vicino, ad una quarantina di minuti di distanza. Con quel tempo, non sarebbero venuti ad aprirmi. Ero distrutto, depresso, solo. Mi chiesi cosa ci facevo lì. Avevo lasciato la famiglia, il Natale.

Alcuni dei ricordi più belli degli anni di medicina sono invece quelli passati a diretto contatto col paziente. Gli ultimi due anni di università sei sempre, ogni giorno, in ospedale. Dalle 5 di mattina a verso le 7-8 di sera. Fai il giro dei pazienti alle 5 per primo. Prima parli e esamini i pazienti, mezzi addormentati, ma a volte svegli e loquacissimi. Sempre grati dell'attenzione, e gentili. Poi controlli di dati di laboratorio. Infine scrivi la nota in cartella.

Verso le 7, presenti il riassunto di tutto questo agli specializzandi, che controllano.

Poi alle 8 arrivano i capi, gli 'attendings', o professori, con il camice bianco di cotone, e il loro nome cucito sopra il taschino. Ti senti importante quando ti fanno una domanda e sai la risposta. Quando presenti il quadro clinico, e si congratulano della tua attenzione ai dettagli. Quando sono d'accordo con le tue decisioni riguardo le terapie.

Io mi divertivo soprattutto in sala operatoria. Resezioni intestinali, cesarei, cancri della laringe, artroscopie, le prime laparoscopie (fine anni '80!), mi piaceva tutto. Il sangue non mi ha mai impressionato. Anzi, in sala operatoria ero concentratissimo, interessatissimo a tutto. Avevo come la sensazione che la mia mente andasse più veloce. Il tempo passava senza che me ne accorgessi. Ero in paradiso.

Scelsi (perché si poteva scegliere quello che più ti interessava), di concentrarmi 3 settimane solo sulla chirurgia cardiaca. Non so perché, ma mi attirava. Si diceva tra studenti che quelle erano le settimane più dure che potevi scegliere, in quanto si lavorava sempre. Alcuni avevano dovuto abbandonare, per le lunghe ore, o perché non riuscivano a stare in piedi 6-8 ore di seguito in sala operatoria.

Mi iscrissi, ed ebbi lauta ricompensa del mio impegno. In sala operatoria, io ero quello che teneva in mano il cuore. Mentre i chirurghi facevano il bypass, col torace completamente aperto, io tenevo sul palmo della mano il cuore di quella persona viva. Una sensazione di importanza che è vitale per uno studente di medicina. Operare a cuore aperto.

A Jefferson il professor John Gibbon inventò per primo al mondo la macchina 'cuore-polmoni'. Questa macchina fu usata dal lui nel 1953 per la prima operazione a cuore aperto, la chiusura di un difetto settale dell'atrio. Questa macchina 'fa' il lavoro di cuore e polmoni, e quindi permette di 'vivere' anche a cuore fermo. Mentre la macchina pompa il sangue nel corpo inerme.

Nel 1989, quando a Jefferson in sala operatoria c'ero anch'io, la macchina veniva usata soprattutto per il bypass cardiaco. Io partecipavo attivamente a tutte le fasi di questo miracolo della scienza medica. Anzi, ero uno dei primi chirurghi! Infatti come prima cosa bisogna 'harvest the vein', cioè prelevare e preparare la vena safena del paziente, per poi 'trapiantarla' come 'nuovo' vaso nel cuore.

Io ero addetto all' 'harvesting' della safena. Con l'aiuto solo di un'infermiera, con il paziente sotto anestesia generale, avevo io in mano il bisturi. Mi avevano insegnato a come riconoscere tutto il percorso, spesso vario, di questa lunga vena delle gambe. Poi io, con grande cautela, tagliavo la pelle sul lato interno della coscia, fino ad arrivare sotto il vaso, ne identificavo le diramazioni, e piano piano la asportavo dalla gamba.

Questa è una parte importante del bypass. A quei tempi la safena era considerata la vena più adatta per questa operazione, ed era importante asportarla intatta, senza romperla, e ottenerne il tratto più lungo possibile, così da poterla utilizzare per 3, 4 o anche 5 bypass. Mi sentivo molto responsabilizzato.

Mentre io lavoravo sulla gamba, gli specializzandi (residents) e 'super-specializzandi' (fellows) aprivano il torace in modo da avere facile accesso al cuore. Quindi io mettevo la safena in una bacinella, e la portavo al campo operatorio principale, dove il cuore si muoveva a cielo aperto.

È molto impressionante vedere il cuore battere così di fronte ai tuoi occhi. Si contorce, pulsa, fa un lavoro immane. Noi passiamo la vita con questo movimento deciso e massivo nel petto, senza accorgercene. A vedere così il cuore, pensavo che almeno un po' di sensazione di tutto quel movimento avremmo dovuta avercela. E invece niente. Ero molto a mio agio in quell'ambiente, e, anche concentrandomi sul mio petto, non riuscivo a percepire gran movimento, come invece avevo davanti agli occhi.

A questo punto, tutto pronto, entrava puntualissimo il chirurgo capo, Dr Edie. Cinquantenne, serissimo, aveva già tutti i capelli bianchi, con degli occhi azzurri da attore hollywoodiano.

Finiva il lavoro del fellow nell' 'attaccare' il cuore alla macchina cuore-polmoni, e poi diceva 'yes'.

Queste 3 semplici lettere erano il segnale per l'anestesista. In un secondo, la macchina cuore-polmoni iniziava a 'sbuffare', a muoversi. A pompare. E il cuore si fermava. Tutti guardavano gli apparecchi già sofisticatissimi e digitali dell'anestesista. L'elettrocardiogramma era completamente piatto, una linea retta e dritta come mai riuscivo a disegnare da piccolo.

Non potevi non pensare alla morte. Perché il cuore immobile era il segno che da millenni ci aveva annunciato il trapasso nell'ignoto. Ti veniva il groppo in gola. Ma poi vedevi che erano tutti rilassati, concentrati, e che l'ossimetro dava ancora il 100% di ossigeno del sangue. Il paziente era vivo o morto? Le prime volte immaginavo sempre che il cuore, una volta fermo, non sarebbe potuto ripartire.

Io ero quello che per primo mettevo le mani 'dentro' il paziente. Ero addetto a tenere il cuore fermo. Immaginate di operare un palloncino. Anche senza pulsare, su una superficie concava, il palloncino può muoversi mentre è manipolato. Io dovevo tenerlo fermo, e facilitare il lavoro dei chirurghi.

Il cuore era freddino. Infatti le operazioni così si fanno in ipotermia. E alquanto scivoloso. Dovevo posizionarlo in modo che la coronaria che sarebbe stata 'bypassata' fosse ben esposta, anteriormente, nel mezzo del campo operatorio. Poi i chirurghi iniziavano, meticolosamente, ad attaccare un pezzettino, di solito circa 8-10cm, di safena alla coronaria 'malata'. Così da farne come un ponte che oltrepassava il trombo che aveva dentro.

A volte le coronarie erano tutte quasi completamente bloccate, e quindi di bypass ne facevano, come detto, 3, 4 o anche 5. Quindi il tempo dell'arresto cardiaco era anche di 30-40 minuti. Io ero lì, in prima fila, fermo. Ammiravo la velocità e precisione dei chirurghi. La loro assoluta concentrazione.

Dopo averne guardate una mezza dozzina di queste operazioni, a volte la mia mente vagava un po' anche su altri pensieri. Stavo tenendo in mano il cuore di una persona. Il cuore, il nostro 'centro', l'organo a cui attribuiamo vita, amore, passione. Chi aveva amato questo cuore? Per chi aveva battuto più forte? Avrebbe ancora battuto per qualcuno in futuro? Mi sentivo come di avere in mano la vita.

Dopo quei minuti tra la vita e la morte, il chirurgo capo, Edie, diceva un altro 'yes'. C'era poi un silenzio totale in sala operatoria, fino a quel momento immersa del soffio della macchina cuore-polmoni, e del sussurrio delle infermiere e dello staff dell'anestesia. Ora era tutto fermo, immobile, silenzioso. Tranne la macchina, che continuava a sbuffare.

Vedevo che i residents, i fellows, avevano gli occhi fissi sul cuore. Che ora aveva nuovi 'vermicelli' che, esili, sembravano a me troppo fragili per ospitare sangue arterioso pompato direttamente da quel muscolo enorme che è il cuore. Avrebbe retto il getto rosso che stava per riversarsi dentro di loro? Ci sarebbero state perdite ematiche da alcuni di quei nuovi vasi?

Poi l'anestesista muoveva una leva. E il silenzio diventava totale. L'enorme macchina pulsante si fermava. Si sarebbe fermata anche la vita? Per dei lunghissimi decimi di secondi l'immobilità, il silenzio della sala operatoria erano totali. Non credo respirasse nessuno di noi. Tutti con gli occhi nel petto del paziente, dove, sopra la mia mano, c'era quel cuore morto, inanime.

Un secondo. Due. Poi, il miracolo. La mia mano sentiva come una piccola scossa che muoveva un po' quel muscolone. E, dopo quell'iniziale brevissimo sussulto, come un bambino che pian piano si sveglia dal torpore della lunga notte, il cuore iniziava a pulsare. A contorcersi nel petto. A battere nel suo sacco pericardico stracciato.

E i miei pezzetti di vena safena ora erano serpentelli vivi! Il sangue arterioso li faceva muovere come tubicini scossi dal vento, anzi così tanto che sembrava esserci un uragano. Le prime volte pensavo che non avrebbero resistito per molto a quel flusso così potente. Che sarebbero saltati via, si sarebbero staccati dalla superficie del cuore, e il sangue sarebbe sgorgato via impetuoso.

Mentre io ero tutto imbronciato dal terrore, il sorriso, il primo, appariva sul viso serio di Edie, e con il suo quello di tutta l'equipe, almeno 15 persone. Mentre io ancora mi aspettavo che qualcosa esplodesse in quel petto, loro mi indicavano di iniziare a chiudere, mettendo i ferri che riapprossimavano lo sterno.

Non potrò mai dimenticare quelle immagini. Per ore pensavo a quel cuore che ora pulsava. A quei tubicini di vena safena che avevo preparato con le mie mani, ed ora dovevano per anni assicurare la vita ad una persona. Una persona. Un essere umano con famiglia, lavoro, amori, affetti. Ed ora un futuro, un po' anche grazie a me.

Come fai a non sentirti importante? A non sentirti in cima al mondo? Sensazioni di voglia di cantare, di gridare, di fare salti di gioia. Il sorriso che ti dà la soddisfazione professionale è difficile toglierlo dal viso. E a me rimane sempre impresso nella mente. Mi incentiva a fare sempre di più. Mi dà la forza di andare avanti. Ed andare avanti con impegno, con coscienza di poter fare bene per l'umanità.

In quei giorni non pensavo neanche più che in Italia i miei colleghi studiavano solo sui libri. Che, soprattutto in quegli anni, nessuno andava in sala operatoria come studente di medicina. Che neanche gli specializzandi in Italia avevano la grande responsabilità di preparare la safena. Che mi 'lavavo' (il gergo chirurgico il partecipare ad un'operazione) in uno dei migliori centri al mondo. E operavo!

Nonostante tutto, sono tanti i dubbi di un giovane. Anche in situazioni ottimali come la mia. Soprattutto quando scrivevo:

25 gennaio 1990
Caro diario,
come al solito ti scrivo per (lasciare) trasferire sulla tua
carta i miei problemi e preoccupazioni e uscirmene 'pulito', mondo dai pensieri.
Sto studiando un po' di tumori dell'orecchio, studiare sembra non finire mai, spesso sento di non sapere niente.

Fuori piove a dirotto.
Sono preoccupato questa volta del mio futuro. Questo fatto del 'Match', se troverò o meno un posto dove veramente voglio andare, che mi dia prestigio e una buona educazione.
Mi aspettano anni duri, ma voglio veramente farlo?
Penso all'Africa, a fare il missionario, o a tornare in Italia, ma non sarebbero queste soluzioni più difficili, richiederti ancora più impegno senza le stesse soddisfazioni, e stabilità economica?
E penso a Betsy.

Ero all'ultimo anno di medicina. Avevo già studiato tanto, tantissimo. Ed avevo capito che fare il medico, almeno in quella realtà americana che ora conoscevo abbastanza bene, sarebbe stato un impegno immane che non mi avrebbe lasciato mai. Avrei dovuto studiare tutta la vita. Avrei dovuto lavorare 80 ore o più alla settimana. Come poi è successo.

Il 'Match', che vuol dire letteralmente 'Gara', è il sistema per accedere a tutti i posti di specializzazione in America. Per fare il medico, dopo esserti laureato, qui devi fare la specializzazione, e quindi devi passare per il Match. Una gara difficile, sofferta, piena di competizione, ma 'fair', cioè leale, onesta.

Io volevo fare ostetricia e ginecologia, una branca chirurgica, dove si guadagna abbastanza bene, e si hanno molte soddisfazioni. Era una delle branche più difficili in cui entrare, insieme a oculistica, chirurgia generale, neurochirurgia, dermatologia. Era quasi sicuro che sarei potuto entrare in uno dei migliori programmi d'America per medicina interna, pediatria, psichiatria, ed altre branche non-chirurgiche. In ostetricia e ginecologia, avrei avuto grandissima competizione.

Le regole del Match sono semplici e ferree. Tu fai la domanda agli ospedali che hanno posti di specializzazione che ti interessano. Loro, una volta che li ricevono, fanno una accurata cernita, e poi o ti mandano una lettera di 'rifiuto', gentilissima, o una lettera di invito ad un colloquio. Se al colloquio, fatto con più membri della facoltà e dell'ospedale, vai bene, loro ti metteranno sulle loro liste.

È un processo lungo e ben delineato. La primavera del penultimo anno di medicina e l'estate dell'ultimo prepari le domande. Per me era il 1989. Ora tutto questo processo è computerizzato. Allora erano ancora fogli e fogli di domande, che scrivevo a macchina. Devi dare all'università, nel mio caso Jefferson, tutti i nomi degli ospedali dove mandare la domanda.

Jefferson poi manda tutti i tuoi voti, insieme ad un giudizio lungo e dettagliato su di te da parte del tuo Rettore. Un incartamento di almeno 10 pagine da parte mia, che include anche Curriculum vitae, con dettagli anche di attività extra-scolastiche, come suonare il violino o essere campione di tennis. E di 20-30 pagine dell'università, che racconta tutti i dettagli del tuo curriculum universitario, con tutti i voti e tutti i giudizi.

Considerate che per ognuna delle circa venti rotazioni degli ultimi due anni, hai giudizi di voti di esami sia scritti, sia descrittivi. Possono dire che sei 'excellent', 'outstanding' (di rilievo, fuori dal comune, il massimo), 'hard-worker' (lavori sodo) e 'team-player' (giochi di squadra), se ti va bene. Questi sono i giudizi migliori. Qualcuno può anche dire di te che sei uno dei migliori studenti che ha avuto negli ultimi 20 o 30 anni, e allora dice anche che sei una 'star'.

Oppure scrive di te che 'he improved a lot' (è molto migliorato), oppure 'he is good' (è bravo), se non sei tra i migliori. Molte università scrivono addirittura come ti sei piazzato all'arrivo. Cioè 'the number one in his class of 200' il migliore di tutti su 200. Oppure 'he finished medical school in the top half', ha finito medicina facendo parte del top 50% degli alunni. Che non è fantastico, perché sei nella media. Meglio se dicono 'he was in the top 10% of his class".

Poi devi anche chiedere lettere di raccomandazione. Cioè lettere, scritte dai professori che ti conoscono meglio e ti stimano di più, che ti descrivano come potenziale specializzando. Ce ne vogliono almeno 3. Tu le chiedi solamente, e non le vedi mai.

Vengono mandate direttamente dal tuo professore alla lista di ospedali che gli hai dato. Non hanno niente a che fare con la nostra 'raccomandazione'. Alcune, dicendo che sei solo 'good' o che hai bisogno ancora di studiare tanto, o hai solo potenziale, tra le righe fanno capire che non sei tra i migliori.

Se sei bravo abbastanza, ricevi l'invito al colloquio da molti ospedali, e giri un po' l'America. Per una specializzazione chirurgica e ambita come Ostetricia e Ginecologia, mandi almeno 25-30 domande, sperando ti chiamino ad almeno 10 colloqui. Chiaramente cerchi di capire che chances hai. Inutile mandare la domanda al Massachussets General Hospital, uno degli ospedali di Harvard, se non hai ottimi voti, sei nel top 10% della tua Università, ed hai lettere di raccomandazione fantastiche da dottori famosi.

Ad ogni colloquio, ricordo scrivevo le mie impressioni. Se mi era piaciuto l'ospedale, i professori, gli specializzandi con cui avrei operato. Giudicavo anche la geografia, volendo a tutti i costi fare la specializzazione a Manhattan, dove avevo gli amici del college. Ed anche la frequenza dei turni, il numero di parti, il numero e difficoltà di operazioni chirurgiche.

Finalmente sarei stato pagato, e avrei potuto sostenermi finanziariamente da solo, con quei primi 40 mila dollari all'anno. Alcuni ospedali a Manhattan offrivano anche appartamenti a prezzi ragionevoli. Appartamenti solo per specializzandi, che sarebbero costati più di $1000 di affitto a mese ad altri, ma che ci avrebbero dato, se riuscivamo ad entrare, a circa $500.

Fino a dicembre del 1989, fui impegnato in questo iter. Mandai la domanda a soli 12 ospedali, ma mi invitarono quasi tutti, e feci 10 colloqui, tutti a Manhattan o lì vicino. Accumulai decine di pagine di impressioni, di commenti. Alcuni ospedali facevano 'interviste' uno-a-uno, altri ti mettevano in un enorme salone, dove 10-15 professori ti interrogavano tutti insieme. Uno contro tutti.

Giunto gennaio 1990, dovevamo tutti decidere. Io, fare la 'classifica' dei posti dove avevo fatto il colloquio a cui aspiravo di più. I primi 5 posti erano tutti a Manhattan. Gli ospedali, anche loro facevano la loro classifica, in base alle loro esigenze e alle loro impressioni dei candidati. Poi, con data di scadenza uguale per tutti, e indipendentemente, mandavamo le nostre liste a Washington, al National Residency Match Program.

All'NRMP, tutte le liste vengono messe in un computer. Da 10 anni sono Direttore del Programma di Super-Specializzazione in Medicina Materno-Fetale di Jefferson, e da un anno Presidente (Chairman) nazionale di questi programmi. Ora conosco bene il sistema, anche dalla parte degli ospedali.

Non c'è verso di barare. Se un Direttore di Programma di Specializzazione si permette di offrire direttamente, senza usare il 'Match', un posto ad un candidato, quel programma rischia di venire chiuso. Così che neanche gli specializzandi che già ci sono possono finire la specializzazione.

Come potrebbe essere in Italia (ma non è), o in qualsiasi parte del mondo, se qualcuno pensa di fregare, viene subito scovato. Se un candidato si accorge che un programma sembra mettersi d'accordo con un altro specifico candidato, subito ne fa denuncia. E negli USA si mente di meno su queste cose, l'evidenza e la verità vengono subito a galla.

La parola 'candidato' viene da 'candidus'. Nell'antica Roma, i candidati (per esempio al Senato) vestivano con una tunica bianca, cosi' che il popolo potesse sapere chi erano. Nell'antica Roma, come nell'Italia di oggi, c'e' poco di 'candido' nel comportamento dei candidati e soprattutto di chi deve giudicarli e sceglierli.

Ci sono rare circostanze negli USA in cui si può accettare un candidato 'fuori dal Match'. Sono io e il mio comitato ora ad approvarle. Se, per caso (raro), un programma non riesce a trovare tramite il Match nessun candidato, allora è possibile mettersi d'accordo, sotto nostra supervisione nazionale, con un singolo candidato tramite un singolo contratto. Ma, dopo il Match, di bravi candidati ce ne sono rimasti pochi, solo i peggiori che non sono 'entrati' in specializzazione tramite il Match.

È quindi il computer che sceglie. Se Vincenzo Berghella ha come #1 sulla sua lista New York Hospital, e New York Hospital ha Vincenzo Berghella sulla sua lista, le cose sono semplici. Se il Programma di Specializzazione è famoso, magari riescono a 'pescare' i 10 nuovi specializzandi nei primi 20 della loro lista. Se il candidato è particolarmente forte, riesce ad entrare in una delle sue prime 3 o 5 scelte.

È un processo, come vedete, privo di possibilità di imbrogliare. Il giorno fatidico per me fu verso fine marzo del 1990. Tutti i candidati si riuniscono in un'enorme aula a mezzogiorno. Alle 12:00 in punto, vengono distribuite buste bianche. Per me, lì c'era scritto:

Vincenzo Berghella
New York Downtown Hospital

Intorno a me grida, strilli, singhiozzi. Chi rideva, chi piangeva. Chi saltava dalla gioia, abbracciando gli amici. Chi si rintanava in un angolo, si sedeva, testa tra le mani, deluso. A quel punto, il tuo destino era deciso. Il tuo futuro lo vedevi nero, o con l'arcobaleno, che ti sorrideva. A me sorrideva, andavo a Manhattan, come avevo sognato.

Prima del Match, come parte di questo meccanismo organizzatissimo, ognuno di noi aveva firmato un documento legale in cui promettevamo di andare e lavorare dove il computer ci avrebbe assegnato. Gli ospedali avevano fatto altrettanto. Quindi anche se magari Johns Hopkins aveva 'matchato' solo 7 su 8 specializzandi, e c'era un posto libero, se tu eri 'matchato' con un ospedaletto dell'Oklahoma, lì dovevi andare. Era la legge.

Un sistema serio, leale, onesto. Dove i migliori eccelgono. E i peggiori non hanno scampo. Dove non si scherza, e non si bara. Prima l'onestà di questo apparato la percepivo come utente, come candidato. La sentivo raccontata da tutti. Ora che sono dall'altra parte della barricata, lo so che è vero. Ecco un episodio a riguardo.

Sono 10 anni che devo scegliere i 2 nuovi 'fellows' in Medicina Materno-Fetale per il nostro Programma di Super-

Specializzazione. Vi posso assicurare che, fino all'anno scorso, non avevo mai ricevuto raccomandazioni all'italiana. Le uniche telefonate avvenivano quando, terminati i colloqui, mi ritrovavo con i primi 5-6 della lista, e dovevo scegliere come metterli. Di solito riceviamo 70 domande per questi 2 posti, facciamo circa 19-20 colloqui, e mettiamo in lista i migliori 15. Di solito 'matchiamo' i primi 4-5, massimo 6.

È sempre difficile scegliere come elencare quei 6. Sono ragazzi e ragazze col massimo dei voti, vengono da università rinomate, hanno lettere di raccomandazione piene di 'excellent' e 'outstanding'. Ora che conosco molti dei programmi americani, magari chiamo uno dei miei colleghi da dove viene il candidato, per sentire a viva voce il vero valore del candidato. Tutto qui.

Nel 2008 avevo un ottimo candidato di origine russa. Era specializzando in un buon ospedale, aveva fatto un mese con noi e si era comportato benissimo, aveva anche partecipato ad importanti progetti di ricerca. Una decina di giorni prima di dover mandare la lista, mi arrivò una telefonata del capo dei corsi di specializzazione di Jefferson. E raccomandò Gennady (si chiama così), dicendo che lui lo aveva pregato molto. Tra l'altro, disse questo alto funzionario, accettare Gennady a Jefferson avrebbe ripagato l'ospedale dal quale veniva, che ci aveva fatto, cosí diceva Dr David Paskin, dei favori in passato.

Ero incredulo. Quando non sei abituato a queste cose, non sai che fare. Decisi subito che mai e poi mai sarei stato a questo ricatto. Gennady di colpo scese precipitosamente nella lista che avevo in mente. Andai immediatamente lungo il corridoio fino al mio diretto superiore, riferendo l'accaduto. Lou Weinstein si adira, incredulo anche lui. Mi dice di non mettere Gennady neanche in lista. E che a Paskin ci pensava lui. E pensare che Paskin, per certi versi, era suo superiore.

Gennady fa ora il fellow in Canada. Non è entrato né da noi, né da nessuna altra parte. Lui non solo ci ha rimesso un po' di carriera, ma per sempre la faccia. Ecco cosa succede ai raccomandati. A me è successo solo una volta in 25 anni di carriera universitaria in America. E probabilmente solo perché di mezzo c'era un straniero, ignaro delle regole di qui.

In America il sistema funziona così per tutto, non solo per le specializzazioni di medicina. Il 'capo', che deve scegliere i suoi aiutanti, o subordinati che vogliate chiamarli, sceglie il meglio. Il capo è sempre, anch'esso, spesso più degli altri, sottoposto a controlli, alla verifica della sua produttività. Un medico deve assicurarsi che la sua equipe sia competente, lavoratrice, compassionevole. Che ci sia il numero di morti e complicanze minori, e il maggior numero di guarigioni. Vuole scegliere i migliori specializzandi, così che, in sala operatoria come in corsia, si possa fidare di loro, ci possa contare come bravi professionisti.

Il capo di una società vuole scegliere i migliori, quelli che lavorano meglio, di più, rendendo il profitto maggiore e i migliori risultati per la ditta. L'ho visto centinaia di volte: se il candidato non è all'altezza, può essere il figlio (be', la figlia) di Obama, ma non viene scelto. Non si può rischiare il proprio posto, che dipende anche dalla produttività del team, per fare un favore ad un parente od un amico.

Io non capisco in Italia come si fa a prendere i raccomandati. Soprattutto quando spesso ci sono, o sarebbero, candidati migliori. Ma quando poi ti ci ritrovi a lavorare insieme a questi incompetenti, non ti fa rabbia? Non peggiorano il tuo lavoro, il tuo prodotto, il tuo operato, la tua giornata?

Spesso mi hanno detto che in Italia non mi vorranno mai. È già difficile trovare un qualsiasi lavoro senza raccomandazione. Figuriamoci all'università, uno dei luoghi più corrotti in Italia per quanto riguarda le assunzioni. E i motivi sono tanti. Non solo che la qualità e l'impegno, la meritocrazia, non contano niente.

Parlavo anni fa con uno dei capi dell'Organizzazione Mondiale per la Sanità, un italiano residente a Ginevra, di questa situazione. Lui aggiunse che, se ero uno scadente, magari mi avrebbero anche offerto un giorno di tornare. Ma se ero bravo, non avrei mai avuto una spinta a tornare, da nessuno. I 'baroni' dell'accademia medica italiana, diceva, sono dei 'ciucci'. Sono abituati ad essere attorniati da subordinati ancora più ignoranti e pigri di loro. Devono arruolare nel loro dipartimento personale con nessuna voglia di fare, poca iniziativa, zero spirito di sacrificio, così da mantenere lo status quo, e riuscire ancora a non far brutta figura.

Ho partecipato a riunioni negli USA per scegliere personale in cui essere parente od amico di qualcuno all'interno della società quasi era visto come una cosa negativa. Sicuramente, sempre si cercavano pareri ('references') anche da altre persone, esterne alla famiglia o alla schiera di amici. Nei 15 anni che ho passato a scegliere specializzandi e super-speciallizzandi a Jefferson, avremo esaminato almeno 6.000 domande per i 170 posti disponibili. Solo una volta abbiamo preso un parente di un collega, la figlia di una specialista in infertilità.

Questa ragazza, Ariela, era andata ad Harvard, ed aveva il massimo dei voti. Aveva delle lettere di raccomandazione perfette. Si è dimostrata poi nei 4 anni di specializzazione la migliore, ed è stata eletta 'Chief Resident', capo di tutti gli specializzandi. Io, che a queste cose ormai neanche ci faccio caso, ho capito che era la figlia della mia collega solo durante il suo terzo anno, tanto veniva trattata come le altre, e fosse poco palese che fosse la figlia di uno 'strutturato'. Ah, che differenza con l'Italia.

Residency: New York University Downtown Hospital

*"La vita non si misura col numero di respiri presi,
ma col numero di momenti che ci hanno tolto il respiro"*

Col nuovo decennio, mi si presentava una nuova vita. Avevo raggiunto il mio sogno. Ero diventato 'Medical Doctor'. Ora dovevo vivere quel sogno. Non solo avrei fatto quello che avevo sempre sognato. Ma anche lo facevo dove avevo fortemente voluto farlo: a Manhattan. Nel centro del mondo.

Nei 2 anni e mezzo del Manhattanville College ero andato spessissimo a New York. Ma una cosa è andarci in visita, una cosa è vivere lì. L'isola di Manhattan per me ha sempre significato il centro del mondo, il posto dove vengono prese le decisioni più importanti, dove vivono i VIP.

Visto che pagavano solo circa $40,000 all'anno, il NYU Downtown Hospital offriva agli specializzandi la possibilità di dimore al 69 Gold Street, un palazzone di circa 20 piani adiacente e di proprietà dell'ospedale. Ricordo che pagavo $500 al mese per circa 40-50 metri quadri, invece dei più di $1,000 che pagavano i miei amici per appartamenti simili.

Mi sentivo sul tetto del mondo. Dal mio balcone (avevo anche il balcone!), si vedeva il ponte di Brooklyn. Ero nella parte sud-est di Manhattan, vicino a Wall Street, alle torri gemelle, al South Street Seaport, a Chinatown e a Little Italy. Nei 4 anni trascorsi in quel palazzo, diventai un vero newyorkese. Conoscevo il pizzettaro, padroni e camerieri ai ristoranti, commessi e commesse ai negozi, insomma, ero un cittadino di New York a tutti gli effetti.

Fu il momento della vita in cui forse vissi ancora più intensamente del solito. Lavoravo da morire. Vivevo in ospedale. Tutto sembrava scorrere velocissimamente. La mattina ci mettevo 18 minuti dalla sveglia al presentarmi in sala travaglio. In quei 18 minuti riuscivo a farmi la doccia (come ogni bravo americano fa tutti i giorni), asciugarmi, mettermi le lenti a contatto, fare la barba, pettinarmi, prepararmi e fare colazione con i cereals, lavarmi i denti, vestirmi con gli 'scrubs', la tenuta da chirurgo, e le scarpe da tennis.

A New York ti senti a casa. Anche se è una della città più grandi del mondo, il tuo circondario finisce sempre per essere il tuo quartiere. Inizi a conoscere la gente, a riconoscerla per strada. Due cose mi ricordavano che ero in una metropoli: vedevo splendide ragazze sempre nuove, migliaia di modelle. E i tassinari, le poche volte che potevo permettermi il taxi, non erano mai gli stessi.

Beth faceva la modella, part-time. Aveva una foto professionale come 'biglietto da visita' che mozzava il fiato. Ricordo una volta guadagnò $500 per il suo primo piano che finì sulla copertina di 'Seventeen', uno dei più venduti settimanali d'America. Ma non le piaceva l'ambiente delle modelle. Ora è sposata, 3 figli, fa la mamma casalinga.

Sono tutti stranieri a New York. La maggior parte degli abitanti di Manhattan, allora come ora, è nata all'estero. È meraviglioso camminare per la strada e sentir parlare mille lingue diverse, dal francese ai dialetti africani, lingue dell'est europeo e cantonese, russo o spagnolo.

Frequentavo le Nazioni Unite, il 'Palazzo di Vetro'. Ero amico in particolare di Josè, il figlio dell'ambasciatore argentino alle United Nations. Feste continue nel loro stupendo appartamento. Pieno di lusso, ambasciatori, consoli, e ragazze strepitose. Tutti parlavano minimo 4 lingue, molti 7, 8, 9. Si parlava di viaggi più che di politica, di avventure più che di terzo mondo.

Negli USA, durante la specializzazione, ti fanno fare veramente il dottore. In sala operatoria, sei tu il primo chirurgo. Sotto supervisione, tieni tu il bisturi nella mano, e tagli. Poi cuci. Impari i nodi. Impari ad evitare vasi sanguigni. A cauterizzarli se sanguinano.

Non pensavo al sistema Italia. Ma la differenza, mi resi conto anni dopo, era enorme. I miei colleghi specializandi in Italia in sala operatoria neanche ci entravano in quegli anni. Non sapevano fare neanche un cesareo dopo 5 anni di specializzazione in ostetricia. Io il cesareo, dopo 2 anni di specializzazione, lo avevo fatto talmente tante volte, e in modo così sicuro, che dal terzo anno in poi i miei professori supervisori non si lavarono più con me. Oramai ero io che l'insegnavo.

Avevamo molta, forse anche troppa indipendenza. Sin dai primi mesi, molti parti li seguivamo noi del primo anno. La filosofia di apprendimento veloce durante la specializzazione è riassunta in un motto spesso usato nelle corsie americane: "See one, do one, teach one". Cioè "Vedine uno, fanne uno, insegnane uno". Così ti facevano vedere come mettere un'endovena, la prossima la facevi tu, e presto avresti dovuto insegnarla a quelli 'sotto' di te.

Per un'endovena è anche plausibile. Ma questo valeva spesso anche per un parto vaginale, un cesareo, un'isterectomia. E noi 'residents' (specializzandi) facevamo tutto. Resident vuole dire appunto residente. Lavoravamo circa 70-80 ore alla settimana, e quindi vivevamo lì in ospedale. Vivevamo intensamente il rapporto diretto con il paziente.

Ricordo il primo forcipe. Erano circa le 2 di notte. Una povera cinesina, al suo primo travaglio a termine, aveva spinto in fase di dilatazione completa per più di 2 ore. Eravamo in corsia solo io, il pivello del primo anno, e Tony, un ragazzo del 4° anno, originario di Portorico.

Non ricordo come mai Tony fosse sveglio. Spesso dormiva, fidandosi di me. Si avvicinò, e disse: "Vince, ora ti faccio vedere come si fa nascere bene un bambino col forcipe". Le pelvi delle ragazze cinesi sono più piccole di quelle delle bianche o delle nere. Il loro perineo, la distanza tra vagina e ano, è molto più corta delle altre razze.

Tony era spavaldo. Chiese le 'Simpsons forceps' all'infermiera. A quei tempi non esisteva consenso informato per parti operativi strumentali. E Miao Ying non parlava una parola di inglese. Ripeteva solo: "Tong. Tong!" Dolore. Dolore! Io ero felice che Tony l'avrebbe aiutata.

Ci lavammo. Io ero accanto a lui, vedevo benissimo. L'imbocco della vagina era talmente piccolo che non fu facile per Tony infilarvi entrambe le lame del forcipe. Ma ci riuscì. Poi iniziò a tirare. E a tirare. Vedevo che l'intero letto si muoveva un po' ad ogni 'strappo' di Tony. "Ma quanto tira?", pensai.

Ma Tony non era uno che si arrendeva facilmente. Stava facendo il macho di fronte a me. Non voleva sfigurare. Tirò ancora più forte, rosso in viso. Il bimbo uscì. E così tanto sangue. Non credo che successe niente al bambino, che probabilmente ora è uno spensierato teenager.

Ma la madre non aveva più due cavità, vagina e ano. Ne aveva solo una. I tessuti, la 'carne' tra vagina e ano erano stati completamente distrutti. Ci volle un'ora, per me come chirurgo e Tony che mi aiutava come assistente, per ricostruire vagina e parte inferiore del retto. Imparai molto. Non ho mai causato una lacerazione così. Quella poveretta probabilmente ora avrà problemi di incontinenza fecale.

Devo ammettere che a volte è meglio imparare da soli che da altri. Il capo del dipartimento, il dott. Zinberg, era un burbero in sala operatoria. A me rispettava. Ma agli altri urlava: "Quando fai la pipì sul tappeto, è difficile risucchiarla con la cannuccia", quando uno specializzando aveva causato sanguinamenti prevenibili.

Erano anni difficili per la salute del mondo. Ricordo che 2 interi piani dell'ospedale erano stracolmi di malati di AIDS. Interi e lunghissimi corridoi. Tumori di Kaposi, polmoniti da pneumocisti erano di routine. Tanti giovani morivano.

Io facevo almeno 5-6 parti al giorno. Dovevo iniziare endovena, prelevare sangue, controllare valori di laboratorio. Senza computer, facendo tutto a mano. E studiare il più possibile nelle poche ore fuori dall'ospedale.

Alcune domeniche ero talmente stanco che le passavo buttato per terra, nella mia stanza/appartamento, a guardare le partite di football americano dalle 10 di mattina alle 10 di sera. La mancanza di sonno alla fine ti fa diventare un vegetale. Gli americani dicevano che io 'vegged on Sundays', cioè facevo il vegetale la domenica. Non c'erano modelle o partite di calcio che riuscivano a farmi smuovere da lì. Il mio corpo, e soprattutto il mio cervello, avevano bisogno di assoluto riposo. Niente di meglio della tv, la più passiva e la meno dispendiosa delle attività.

Se avevo qualche molecola di ATP ancora in corpo, andavo a giocare a calcio lungo l'East River. C'era un gruppo di sud americani, centro americani, europei, africani, insomma gente di tutto il mondo che si riuniva a giocare al gioco più bello e praticato al mondo. La palla ci univa, anche se parlavano 10 lingue diverse durante una sola partita. Sapevo come si dice passa, o tira, o 'gol', in almeno 5 lingue.

Oppure andavo a Central Park. Un'oasi di verde nella metropoli. Senza l'ombra dei grattacieli. Correvo intorno al Reservoir. Giocavo a tennis nei bellissimi campi in terra rossa. Andavo in pattini lungo le vie asfaltate. Guardavo l'umanità in tutte le sue manifestazioni più varie. Gente che ballava per la strada. Che si incontrava, rideva.

Nel 1991, corsi anche la maratona di New York. Betsy mi aveva fatto conoscere la corsa. Lei ne aveva fatte tante di maratone. Mi preparai un'estate, 3 mesi. Purtroppo da solo, perché ci eravamo lasciati. Ma mi ero iscritto, miracolosamente mi avevano accettato, anche se non avevo nessuna esperienza.

Correvo da casa, nel Lower East Side, la parte più a sud est di Manhattan, lungo l'East River, fino alla 90esima strada. Se ero in forma, al ritorno passavo anche da Central Park, prima di ritornare a casa. Durante questi allenamenti, il mio programma di allenamento era correre circa 30-40 chilometri alla settimana. Non corsi mai tutti i 42 chilometri che mi aspettavano alla maratona. 26.2 miglia.

La mattina di quella prima domenica di novembre, faceva un freddo cane. Alle 5 mi presentai, via Subway, all'incrocio tra

42esima e 5° strada. Di fronte alla Public Library c'erano dozzine di autobus allineati che ci aspettavano. Salii.

Ero circondato da persone di tutte le razze, tutti i background. Ma, la cosa che più mi colpì, di tutte le età. Ero solo, ma accalcato a tutti gli altri. È impossibile non ascoltare le conversazioni della gente che ti è attaccata. La più vicina è una signora su 60 anni, distinta, bianca, abbastanza magra.

La guardo, e mi rincuoro. "Almeno questa la batto", penso. Poi la sento parlare con un signore davanti a lei, con la cantilena gioviale yankee: "È la mia 5 maratona da settembre, ho già fatto Boston..." E non ricordo i nomi delle altre. "Sono sulle 3 ore, speriamo di fare meglio qui, il fresco dovrebbe aiutarci, che dici?" 5 maratone? In 2 mesi? Sotto 3 ore? Il record mondiale è sulle 2 ore e 10 minuti. Ma meno di 3 ore è un tempo fantastico. E pensare che questa sembrava una vecchietta ai miei occhi ventisettenni.

Arriviamo a Staten Island. Alle 'falde' del ponte di Verrazzano c'è la partenza. Giovanni da Verrazzano è stato il primo esploratore europeo della baia di New York, nel 1524. Un altro italiano famosissimo negli USA, semi sconosciuto in Italia, a parte la statua nella nativa Val di Greve, poco a sud di Firenze. Verrazzano è una frazioncina.

Siamo 26 mila alla partenza. Tra le 6 e le 8 circa, aspetto su un prato enorme. Inizia finalmente ad albeggiare verso le 7, ma fa ancora freddo. Io mi sono vestito come era stato raccomandato dal New York Times. Sotto ho pantaloncini, maglietta, con il numero ufficiale. Sopra strati di tute e maglioni vecchi.

Verso le 7:45, suona una sirena. Si alzano tutti. Ci incominciamo a spogliare. Per terra, ma soprattutto sui rami spogli dei pochi alberi, buttiamo i nostri vestimenti. Giubbe, maglioni, sweaters, pantaloni, guanti, polo, tutto appeso agli alberi. Sarebbero poi stati donati in beneficienza. È impossibile portarceli dietro per più di 42 chilometri. Avanzando lentamente verso la partenza, mi giro. Quelle imponenti piante sembrano degli strani, addobbatissimi alberi di Natale.

Non è facile far partire 26 mila persone. Sono in una fila talmente enorme che non ne vedo né l'inizio, né la fine, e neanche i lati. Le 8 passano, so che la maratona è partita! Ma noi, il 'gruppone', camminiamo pianissimo, un passino alla volta. Piano, su per la rampa che porta verso il ponte di Verrazzano.

Le torri del ponte sono alte 230 metri. Un ponte aperto nel 1964. L'anno della mia nascita. Destino? Retti da 27 mila tonnellate di cemento ed acciaio, iniziamo a correre. A destra, lo skyline di New York.

Durante tutte le 42 miglia, la gente applaude, incita. Penso a Coppi e Bartali sulle Dolomiti. Noi non faremo il Pordoi, ma tutti e 5 i boroughs di New York City: Staten Island, Queens, Brooklyn, Manhattan, Bronx. I quartieri di Queens e Brooklyn sono popolari, alcune zone sono povere, ma tutti sono felici lì ad incitarci.

Il Queensboro Bridge ci porta a Manhattan. Ci accoglie un enorme boato. Abbiamo già corso più di 20 chilometri. La strada per entrare a Manhattan è in discesa, giù dal ponte, verso First Avenue, la prima strada. Sono chilometri di adrenalina pura, con due colonne di persone da entrambe i lati che incitano, offrono acqua, Gatorade, urla. Orgogliosi di noi.

Il muro. Me lo avevano detto. Dopo 20 miglia, circa 32 chilometri, chi non è abituato alle maratone va incontro al 'muro'. Avevamo lasciato Manhattan. Eravamo nel Bronx. L'incitamento era di molto diminuito. Le mie gambe erano paralizzate. L'acido lattico aveva raggiunto limiti che non avevo mai prima subito.

Le cosce erano durissime. Non riuscivo quasi a muoverle più. Un'esperienza strana. Come se le gambe non fossero più le mie. Io, con anni e anni di calcio, tennis, sci e delle gambe in formissima. Ma mi stavano dicendo: "No, noi non corriamo più."

Anzi, non volevano neanche camminare. Erano due tronchi quasi inutilizzabili. "Qui mi devo fermare. Non ce la faccio a finire la maratona. Dove mi fermo?" Questi i miei pensieri. Ma ero nel Bronx, di poco passato il ponte della 138a strada, sulla cui salita avevo smesso di correre e patito l'overdose di acido lattico.

Con un sforzo sovrumano, riesco a non fermarmi. Faccio passetti di 10-20cm alla volta. Intorno a me gli altri maratoneti sembrano frecciare. Io mi sento sconfitto. Forse vinto. Ma continuo la mia passeggiatina nel Bronx. Sono più di 3 ore che corro di continuo. "Al primo posto sicuro mi fermo, vediamo se trovo un'ambulanza," penso.

Intorno a me incomincio a notare di più gli altri. Mi passano le solite nonnette e nonnetti. Ci sono anche quelli dell' 'Achilles Club', senza gambe in carrozzella, o senza una gamba con le stampelle. Alcuni mi avevano già passato prima, figuriamoci adesso. Sfrecciano, di solito con la faccia rossa e sudata dallo sforzo.

Vicino a me incomincia a camminare un altro signore, avrà avuto 55-60 anni, fisico asciutto. Lui ha la faccia sorridente, serena. "Are you ok?" – "Tutto bene?", mi fa. In America è come dire "Ciao". Non si sa se veramente raccontargli la tua giornata, o dire solo "How are you?!", enfatizzando lo 'you'.

Si vede però che vuole parlare. Anche lui cammina. "Dopo 20 miglia devo sempre camminare un po'", mi sussurra col fiatone. "Piano piano poi ci si sente meglio", mi rincuora. "Vedrai che ce la facciamo a finire". "Do not worry", non ti preoccupare. Io di finire questa maledetta maratona proprio non ne ho né la forza né la voglia. Mancano quasi 6 miglia, più di 9 chilometri. Correre 9 chilometri è già per me difficile, figuriamoci 'senza gambe'!

Dev'essere il mio angelo custode. Il suo parlare calmo è rassicurante. Mi descrive che stiamo piano piano ritornando a Manhattan, via Harlem. Tra un paio di miglia saremo a Central Park, dove ci aspettano milioni di persone che fanno il tifo per noi, ci incoraggiano.

A quei tempi, 1991, non lo sapevo, ma il modo migliore per metabolizzare l'acido lattico, e la stanchezza, è far movimento. Michael Phelps a Pechino nuotava anche fino a 3-4 gare olimpioniche al giorno nel 2008. Alcune a ridosso di meno di un'ora. Avrei pensato che tra l'una e l'altra si riposasse. Invece no. Andava in un'altra vasca e nuotava, ma piano, rilassato. Il moto facilitava il ritorno dei suoi muscoli al normale, prima del nuovo sforzo.

Senz'altro quel giorno successe anche a me. Se mi fossi fermato, non avrei mai finito una maratona nella mia vita. Ma non bisogna fermarsi. Si può subire una sconfitta, ma bisogna renderla temporanea e non accettare la sconfitta totale.

A Central Park, arrivati verso la 112° strada, sentii di nuovo segni di vita nelle mie gambe. Iniziai a correre. Prima piano, poi sempre più veloce. L'angelo aveva ragione: ora c'erano milioni, milioni di persone ai lati della strada di Central Park, sui prati, sulle collinette, accalcate come non mai, che gridavano a me il loro incitamento. Passai il 24esimo miglio, poi il 25esimo, poi il 26esimo.

Ma la maratona non è esattamente 42 chilometri, o 26 miglia. Te ne rendi conto solo quando la corri. Sono 42 chilometri e 195 metri, o 26 miglia e 395 yards. Quindi, una volta arrivati sul lato sud di Central Park, non era finita. Si risaliva altri 395 yards (una yard è un po' meno di un metro) per arrivare al traguardo.

Non ci crederete, ma credo che non mi sono mai sentito così bene. Correvo come su ali. Mi sentivo benissimo, leggero. Ce l'avrei fatta! Gli ultimi 100 metri feci lo sprint, e passai tutti, tutti quelli intorno a me. Tagliai il traguardo a braccia alzate. Ho anche il video che lo prova.

4 ore e 47 minuti. Circa ventimillesimo su più di 26.000. Ma ce l'avevo fatta. Sanguinavo da tutti e due i piedi. Ricordo la immensa difficoltà solo a scendere le scale che portavano alla metropolitana. Ma non mi avrebbe più fermato nessuno. Più tardi a casa scoprii che avevo avuto ematuria, perso sangue dalla vescica. Ma il turno di notte, con inizio alle 10 di sera, fino alle 8 di mattina, lo feci lo stesso.

Harvard

"Non essere mai il più intelligente nella stanza in cui ti trovi"
James Watson
(premio Nobel per la scoperta della struttura del DNA)

Nel 2002, sono stato nominato, dal Rettore della Thomas Jefferson University, Chairman, cioè Direttore, Primario e Professore Ordinario, di tutto il Dipartimento di Ostetricia e Ginecologia. A 38 anni, ero il più giovane Chairman negli USA. Non c'era nessuno al di sotto dei 41 anni. Uno dei grandi benefici dell'accettare questa posizione di prestigio era che mi avrebbero mandato per 2 settimane ad Harvard.

Ogni anno, la School of Public Health (letteralmente 'Scuola di Salute Pubblica') della Harvard University offre un corso per leaders nel campo della sanità. Il corso costa $5.000, e scelgono solo 45 direttori in tutti gli USA. Fui scelto, e Jefferson pagò per me i $5.000.

Imparai di tutto, soprattutto come gestire un budget, le riunioni, scegliere i migliori per il proprio team, moderare meetings, negoziare soldi e contratti, aspetti finanziari, organizzazione manageriale, insomma tutto quello che mi ero finora rifiutato di studiare nella mia lunga carriera di studente di scienza biologica e medica.

Ma ci fu una sessione, sul lavoro di team, a cui penso sempre, e che più mi ha segnato. Mi ha cambiato la vita, il modo di affrontare le cose di ogni giorno. L'outlook su come approccio ogni domanda, ogni difficoltà, ogni decisione. Non solo al lavoro, ma nella vita.

Ci distribuirono alcuni fogli: una mappa, una piccola storia da leggere, e un foglio con numeri da 1 a 30 su cui avremmo dovuto scrivere altri numeri. La storia raccontava che eravamo persi in Antartica dopo un atterraggio di fortuna con un piccolo aereo, che si era schiantato. La temperatura era di meno 20 gradi

Celsius. La radio e qualunque altro mezzo di comunicazione erano fuori uso.

Avevamo una lista precisa di cose disponibili. Queste erano cose come un martello, i pneumatici rotti dell'aereo, una bussola, scarpe da ghiaccio, scatolette di fagioli, piccone, tende, radio rotta, sacchi a pelo, fiammiferi, cacciavite, mezzo barattolo di benzina, corde da traino, ecc. Poi c'era la mappa. Sapevamo dove eravamo. C'erano un due giorni di cammino per arrivare al rifugio più vicino. Eravamo attorniati da montagne, e c'erano varie vie per raggiungere altri rifugi.

Il 'gioco', forse il gioco più istruttivo che ho mai fatto, iniziava con 45 minuti in cui tu dovevi studiare tutto questo materiale. Poi dovevi decidere quali delle cose disponibili ti erano più utili, dall'1 al 30. Chiaramente, se decidevi di partire, ti servivano di più gli scarponi, il piccone, la bussola, ecc. Se decidevi di stare, magari avresti usato più le tende e i sacchi a pelo, e così via.

Il bello veniva con la seconda e ultima parte del gioco. Dopo aver compilato e consegnato le nostre liste individuali, ci facevano ripetere il tutto, ma questa volta in gruppi di 6-7. Per 45 minuti, ognuno dei membri del gruppo presentava le sue idee, il suo piano per 'salvarsi'. Dovevamo discutere tra noi se era meglio partire o restare, e cosa serviva per la strategia che avremmo scelto.

Rimasi sorpreso alle tante idee che vennero proposte nel mio gruppo. Coi fiammiferi, si poteva dare fuoco ai pneumatici per fare tanto fumo, e attirare l'attenzione. Alcuni proponevano di rompere le tende per farne 'body suits' per proteggersi dal freddo nello spostamento. Altri volevano riparare la radio. Insomma mille idee. Non fu facile venire ad una mediazione.

Io avevo scritto la mia lista con l'idea di partire e salvarmi cercando il rifugio più raggiungibile. Il gruppo invece era, non solo in maggioranza, ma alla fine all'unanimità, per restare, fare segnali di fumo, conservare le forze, aspettare che qualcuno ci trovasse. La lista che sottoponemmo era diversissima da quella che avevo sottoposto io.

Ci risedemmo in classe. Io in verità non è che ci stavo capendo molto. Mi sembrava un esercizio stupido. Chi sapeva la verità? Il tutto era campato in aria. Ma s'impara soprattutto quando la notizia più ti sorprende, e i risultati di quel gioco non me li scorderò mai.

Il professore, capelli bianchi, barba bianca, un genio, a noi già simpatico, ci spiega che questo è un esercizio studiato a fondo da decenni. È un fatto realmente accaduto, ed è stato poi molte volte 'reenacted' per vedere quali erano le soluzioni migliori. Alla fine, vari teams di esperti erano venuti alla stessa conclusione. C'era dunque una sequenza dall'1 al 30 degli oggetti che era la migliore.

Tramite un computer, tutti i nostri scores, le liste individuali e quelle delle squadre, erano stati raffrontati alla lista 'master', la migliore.

Il professore inizia a scrivere alla lavagna, col gesso, gli score individuali del team 1. Se non mi sbaglio il massimo dello score era 90. Gli scores individuali erano tipo 45, 39, 60, 51, 43, 49, 50. Quello di questo team: 78.

Poi passa al team 2: scores inviduali 70, 56, 69, 38, 58, 71. Score del team 2: 82. Team 3: individuali 59, 61, 44, 49, 46, 58. Score del team 3: 83. E così via, lo stesso pattern per tutti i 45 individui e per tutti i 7 teams. Insomma, tutti i teams avevano battuto i singoli componenti. Cosa per me incredibile, fu che lo score più alto degli individui, 73, era più basso dello score del team peggiore, 75.

Da allora, ho capito che non basta che io, o un qualsiasi altro individuo, sia intelligentissimo, o si impegni da matto, ce la metta tutta. Un altro magari meno bravo, ma organizzato in un team, attento agli input degli altri, aperto ad alternative al suo pensiero, quasi sempre può battere chiunque. Il team ideale é formato dalle 4 alle 9 persone.

Ricordo che mio padre, quando eravamo piccoli e ci portava in giro in macchina, alcune volte si perdeva. Era vietatissimo chiedere a qualcuno per strada quale sarebbe stata la strada giusta.

Papà voleva arrivarci da solo, malgrado le preghiere di mamma di fermarsi un attimo e chiedere. Io ho sempre chiesto, e, più divento 'grande', più chiedo, anche se ho sempre più esperienza.

In sala operatoria, era d'uso che il Primario, o comunque il 'primo chirurgo', facesse l'operazione tutta da sé. Se il primo assistente pensava ad un modo alternativo di operare, stava zitto. Se vedeva sanguinare, aspettava che fosse un sanguinamento continuo e cospicuo prima di interrompere il lavoro e i pensieri del capo. Si rischia il posto a contraddire il capo in Italia.

Ricordo una volta, quando da giovane mi 'lavai' nella sala operatoria di papà a Popoli, e lui mi allacciò dietro la 'gown' da sala operatoria. Le infermiere e i suoi colleghi erano esterrefatti. Ritenevano un onore enorme il fatto che il "Primario" (chiamato sempre così, anche Dott. Berghella sarebbe stato troppo poco) aiutasse qualcun altro. La gerarchia era che tutti lavorano per il Primario, il capo assoluto.

Negli USA, prima di tutto operano gli specializzandi. I professori sono lì vicino a loro, e gli insegnano. Si lavano anche gli studenti di medicina. A fare un cesareo, di solito, si è in 3, più l'infermiera strumentista. E tutti possono partecipare attivamente. Anzi, sono invogliati a dire la loro. Chiaramente lo studente di medicina ha poco da dire, e per la maggior parte del tempo osserva, tiene i divaricatori, e riceve continuo insegnamento dai 2 chirurghi.

Ma anche lo studente di medicina può dire la sua. Lo specializzando può proporre un modo nuovo di aprire o chiudere l'addome. Chiedere come mai usiamo quel tipo di incisione, o diamo gli antibiotici in quel momento, o perché mai abbiamo fatto quel cesareo. C'è un continuo scambio di idee. La freschezza degli occhi e delle menti vergini dei giovani aiutano noi professori a vedere le cose in maniera nuova, diversa.

Quanti meravigliosi articoli su tecniche chirurgiche ho scritto dopo che i miei (mai subordinati) specializzandi mi hanno dato la possibilità di concentrarmi su un aspetto chirurgico o medico che facevo oramai sempre allo stesso modo, senza pensarci. Ma che si poteva studiare più a fondo, e migliorare, variare, eliminare, ampliare, modificare.

Sono sicuro che DeBakey, o Einstein, o il miglior chirurgo del mondo hanno sbagliato a volte. Ma sbagliavano di meno se concedevano ai loro colleghi e specializzandi la possibilità di essere sinceri, di partecipare attivamente all'attività. Perché due menti sono sempre meglio di una.

Ricordo una volta venni invitato ad una conferenza di promettenti giovani ostetrici americani. Tra le varie attività, passammo un pomeriggio a parlare dell'importanza dei mentori. Ognuno di noi, come in terapia di gruppo, raccontò dei mentori che aveva avuto, menzionandone il nome e descrivendo lati positivi e anche negativi della relazione.

C'era anche Droegemuller, l'autore del libro più famoso al mondo in Ginecologia, e allora ancora Direttore indiscusso del Board americano della nostra branca. Arrivato il mio turno, io parlai di 1 o 2 miei mentori, in particolare del Dr. Wapner, più anziano di me di 17 anni. Da lui avevo appreso tanto, non solo in medicina. Io avevo circa 30 anni.

Droegemuller invece enfatizzò come molti dei suoi mentori erano stati più giovani di lui. Come aveva imparato tanto dal mio capo, il Dr. Weinstein, più giovane di lui. Ma un piccolo genio sin da piccolo. E come passare il tempo con i giovani gli dava carica, entusiasmo. I suoi mentori erano i giovani, interessati, con la mente libera da pregiudizi e il cervello ancora plasmabile abbastanza da vedere le cose da prospettive diverse, sempre nuove.

Anche Droegemuller parlò del team. Del fatto che tutto quello che aveva fatto lo aveva fatto insieme ad altri. Anche se era il suo il primo nome sul libro, aveva avuto quasi 100 collaboratori, che erano i veri autori del libro. Quelli che l'avevano reso un bestseller mondiale.

Perché l'America? Perché non l'Italia?

"Anche nel vocabolario 'successo' viene dopo 'impegno' "

Ma perché restare in America? Una cosa è l'andare in vacanza. Una cosa è decidere di studiare lì. Ma perché passarci 11 mesi all'anno? Per tutta la vita adulta?

Devo dire che mio padre aveva ragione. Non è sempre facile per me dargli ragione. Forse ho (anzi, spero 'avevo') il complesso di Edipo, innamorato di mia madre, e volevo eccellere per farmi lodare da lei. Comunque mio padre è sempre stato un po' autoritario. Sicuro di sé, ancora più sicuro dei suoi giudizi, delle sue opinioni. Sin da piccolo diceva che in Italia si lavora male. Una volta che io ho proposto di andarmene in America, è diventato il mio più stabile sostenitore, non solo economicamente.

Ammetto che a volte ho pensato che non volesse che tornassi più. Che so, pensava che mamma mi voleva troppo bene, era geloso, ed era meglio tenermi a più di 8,000 chilometri di distanza. Far sì che vedessi mamma, venissi carezzato e coccolato da lei, massimo due-tre volte l'anno. Non era così. Pian piano, negli anni, mi sono accorto che lui lo ha fatto per me, sacrificandosi, privandosi dell'affetto del primogenito lontano. Così come mamma, meno celata nei sentimenti.

Purtroppo in Italia non c'è quasi niente meritocrazia, è quasi tutto clientelismo, nepotismo. Alcune cose le leggi sul giornale. Il personale medico ha quasi tutto lo stesso cognome, sono tutti parenti. Le percentuali di professori con lo stesso cognome vanno dal 21% della Statale di Milano, al 30% della Cattolica e di Tor Vergata a Roma, al 34% del Federico II di Napoli, al 38% di Messina. (Roberto Perrotti, *L'università truccata*, Einaidi, Torino 2008). I cognati e i nipoti sono quelli con i cognomi 'nuovi'. Queste 4 ultime università con la più alta percentale di omonimie hanno tra i valori piu bassi di citazioni per pubblicazione.

Altre esperienze le vivi tu stesso, o membri della tua famiglia. Mio padre una volta fu chiamato a Bari come esaminatore ad un concorso di Primariato. Scoprì presto che c'era un candidato raccomandato che 'doveva' vincere. Bene, al compito scrisse delle cose sbagliate, che avrebbero messo a repentaglio la vita dei pazienti se si fosse trattato di una situazione clinica. Papà gli mise 3. Anche tutti gli altri medici della commissione gli diedero l'insufficienza. Solo un insegnante di matematica gli mise 8, e altri non nel settore della medicina la sufficienza.

Come può un insegnante di matematica giudicare come si fa un'isterectomia, o come si legano le tube di Falloppio? Be', mio padre venne denunciato, finì sul giornale come un ingiusto, un immorale. Ma vi rendete conto? Dovette prendere un avvocato, e passò mesi d'inferno, il periodo più brutto della sua vita, la sua unica denuncia, il suo nome infangato. Alla fine il giudice, meno male, si scusò con lui, e lo assolse con formula piena.

C'è un altro aspetto che invoglia a vivere all'estero. Tra più di 6 miliardi di persone, ci si sente spesso uno dei tanti, un granello di sabbia, inutile. Uguale agli altri. In America mi sono invece sempre sentito come Superman. Unico, potente, adorato. In Italia, essere italiano, quindi parlare italiano, comportarsi e vestire da italiano, lo fanno più di 60 milioni di persone. È comune, banale.

In America, sono uno dei pochi. In college, ero praticamente l'unico. A medicina, eravamo in 2. In specializzazione, e poi fellowship, l'unico. Sono l'unico italiano del Dipartimento di Ostetricia della Thomas Jefferson University. Uno di soli 3 specialisti italiani in Medicina Materno-Fetale in tutti gli Stati Uniti. In questo modo sì che ti senti Superman. Superman non si sente unico e invincibile a Crypton, nella sua terra di origine (per me l'Italia). Ma sulla terra (per me gli USA), Superman è davvero Superman.

E poi è bello sentirsi un po' controcorrente. Stando all'estero ci si sente portabandiera del proprio paese. Io sono l'italianità negli Stati Uniti. Spesso dico che l'Italia dovrebbe pagarmi come suo ambasciatore. Quando vinco un premio accademico, pubblico un articolo scientifico, vengo promosso al grado più alto della carriera universitaria, aiuto una coppia americana ad avere un figlio o figlia sano/a, ricevo accoliti, li riceve anche un po' l'Italia tutta. Vengo stereotipato nell'Italiano, e quindi se sono onesto, l'Italia è onesta. Se sono gran lavoratore, gli altri italiani dovranno essere così, agli occhi di ignari americani che di italiani veri conoscono bene solo me.

L'italiano all'estero ama l'Italia di solito più dell'italiano in Italia. La lontananza gliene fa apprezzare gli aspetti migliori. Ci si dimentica un po' dei problemi della patria natia. E si tende a ricordare la spiaggia, il mare, la partita a pallone con gli amici. Ci mancano i genitori, i fratelli, gli amici più cari. Sì certo, in questo libro mi concentro soprattutto sui problemi dell'Italia. Ma è perché voglio cambiarli. Mi batto qui all'estero per essere, per gli italiani come per il resto del mondo, esempio quanto più possibile di probità. Come dice giustamente il mio amico qui a Philadelphia Salvatore Mangione, noi italiani all'estero siamo irriducibili idealisti. A volta questo costa, e anche Dante è stato costretto all'esilio, pur amando la sua terra.

È normale che camminando per le strade delle città e campagne italiane, le confronto ora con l'America. Il mio punto di vista è quello dell' americano in Italia. Prima vivevo nel 'laghetto' di Pescara. Ora ho conosciuto l'oceano, il mare aperto, e posso apprezzare l'uno e l'altro. Ogni uomo sa che si può essere innamorati allo stesso tempo di due donne.

Due? Ma molte di più. Pensiamo solo alla nostra esperienza. Innamorati come minimo della mamma e della moglie. E spesso infatuati allo stesso tempo dell'amica della moglie, della giovane studentessa, della cassiera, di quella che ci spruzza il profumo al supermarket, e di Angelina Jolie. Quindi è possibilissimo essere innamorati anche di due nazioni, e chiamarle ambedue patrie.

Alcuni dei miei amici pescaresi dicono che Pescara è il miglior posto al mondo per viverci. Sono contento per loro. Il posto in cui siamo nati non lo scegliamo noi. Se è quello che ti piace di più al mondo, mamma che fortuna! Ma a me sembra che alcuni siano come quelli che s'innamorano della prima ragazza che conoscono, e ci restano tutta la vita. Sono contento per loro. La vita così e molto più semplice. E, in alcuni casi, felicissima.

Io ho avuto bisogno di conoscere parecchie ragazze prima di sposare mia moglie Paola a vita. Ed ora, anche ripensando a tutte le altre, so che è la migliore compagna di vita che potessi avere. Così è stato evidentemente anche per la scelta del posto dove vivere la gran parte dell'anno e lavorare. Ho vissuto in 2 continenti, e visitato altri 2. Mi manca solo l'Oceania, a parte l'Antartide.

Perché vivere per forza nel paese dove sei nato? Chi l'ha detto? Perché almeno non provare a vivere (non solo a visitare) in altri? La mia testa mi porterebbe a girare il mondo, forse ancora più di quello che ho fatto. E il mio cuore mi direbbe, ancora di più, torna spesso in Italia.

New York prima, poi Philadelphia e l'America in generale mi hanno reso felice. Sono nato italiano. E sempre lo resterò. Credo che se il buon Dio mi chiedesse dove nascere oggi, e questa volta mi desse una chance geografica, sceglierei l'Italia.

L'Italia imbrogliona

"La sola autorità degna di fiducia è quella che conduce con il buon esempio ed è basata sull'ammirazione"
Roger Caillois

All'inizio degli anni 2000, ormai affermato in America, iniziai a vedere, per curiosità, se c'erano concorsi in Italia da Ordinario. Ero già Professore Ordinario negli USA, e sapevo di aver più pubblicazioni e 'punti' di quasi tutti gli universitari italiani nel mio campo. L'università che aveva un concorso aperto era lontana da Pescara, in una città a cui non aspiravo, ma lessi le modalità del concorso e mi parvero alla mia portata. Il materiale fu facile da mettere insieme e spedire. Se non altro avrei imparato come funzionano questi concorsi, magari mi avrebbero fatto 'idoneo', con la possibilità in futuro di andare in facoltà più prestigiose o almeno più vicine ai miei famigliari in Abruzzo.

Per mesi non seppi niente. Pensai, "Hanno perso – o buttato via – la mia domanda, tutti quei fogli che avevo mandato sono oramai nella spazzatura". Un giorno invece mi chiama l'Ordinario della facoltà vicina a quella a cui avevo fatto domanda. Mi chiama al numero diretto del mio ufficio amministrativo, un numero che pochi sanno. Io lo conoscevo (e conosco) appena, comunque sapevo chi era.

Dopo alcuni convenevoli, mi chiede come mai avevo mandato quella domanda per Ordinario, insomma cosa volevo ottenere. Io, con tutta onestà, risposi quello che vi ho già detto sopra. Sono felissimo in America, ma volevo vedere come funziona un concorso in Italia, non per andare lì in quel posto specifico, ma magari per prendere l'idoneità. Dopo altri vari convenevoli, i complimenti per la carriera, e per lo splendido curriculum, ci salutammo.

Dopo circa un mese o due, ricevo un'altra telefonata, ancora nel mio ufficio amministrativo, quindi direttamente a me senza passare dalla segretaria. Era il Preside della facoltà di medicina dove avevo mandato il curriculum per il posto da Ordinario. Aveva telefonato direttamente, senza passare dalla sua o mia segretaria. Mi dice cose simili all'Ordinario della facoltà vicina, convenevoli, lodi, ecc.

Poi, con lo stesso tono sereno e pacato, mi dice se sapevo questa cosa: in Italia, quando si bandisce un concorso, vuol dire che già si sanno i vincitori. Per quel concorso, già avevano deciso il vincitore che sarebbe andato lì, e i due che sarebbero arrivati secondo e terzo, e quindi fatti 'idonei'. Io al massimo potevo arrivare quarto. "Questo, lo sapevo?", mi disse.

Francamente no. Umile e eccessivamente gentile, mi scusai tanto di aver mandato la domanda, e di aver causato quello che, iniziavo a capire, era un rompicapo per molti. Io ero felice così com'ero. Chiesi come fare per annullare la mia domanda.

Ripensandoci, ancora non posso crederci. Un Rettore che ammette al telefono, senza vergogna alcuna, che il merito per l'università italiana (questa addirittura del nord!), non esiste. Tutto si gestisce con conoscenze, scambi di favori. Io non avevo nessuno che mi raccomandava. O almeno non ancora.

Un paio di giorni dopo, mi chiama uno degli Ordinari di Roma. "Ho saputo che vuoi andare a...", mi dice al telefono. Io dico di non avere avuto mai molto interesse, ed oramai proprio per niente. Lui mi 'rincuora', dicendomi di non demordere, che mi avrebbe raccomandato lui, che era in commissione. Mi avrebbe fatto 'avere' qualcosa. Almeno l'idoneità all'Ordinariato. Si aspettava già al telefono gratitudine, e qualche futura ricompensa da parte mia verso lui dello stesso tipo. Io non ebbi neanche il bisogno di pensarci su, di aspettare e di richiamare. Dissi subito che avevo preparato la lettera di rifiuto, e l'avrei spedita il giorno dopo. Come feci.

Seppi che chi vinse il concorso (non mi sono mai interessato di sapere il nome) andò via uno o due anni dopo. Non ho mai saputo se l'hanno mandato via o se n'è andato via lui spontaneamente. Tanta ingiustizia (penso ai meritevoli che magari lì ci volevano andare) per così poco.

A volte in Italia si vive di menzogne. Le mamme e i padri che dicono che i figli sono bravissimi, e hanno preso il posto in banca, in comune, alle poste. O anche in quel negozio, o in quella ditta. Ma sappiamo tutti che molti degli impieghi in Italia avvengono per raccomandazione, e non per merito.

Il brutto è che quindi anche chi il posto se lo è meritato da solo, o se lo meritava anche senza la raccomandazione, fa una figuraccia. Se dice che è entrato grazie ai suoi sforzi, non ci crede quasi nessuno. E quindi ci si affossa in basso. Ci si sotterra con i peggiori. Non c'è distinzione tra bravi e meno bravi. Tra meritevoli e non.

Berlusconi, e quelli come lui, mi ricordano un detto di Flaubert: "Dietro ogni grande fortuna c'è un crimine". Eppure, per gli italiani, il fine giustifica i mezzi. Macchiavelli non è un'eccezione in Italia. Non a caso era italiano. Purtroppo molti altri italiani, anche nel XXI secolo, devono pensarla come lui, visto che non si ribellano a questo sistema.

Sono tanti i cervelli italiani che sono fuggiti e sono ancora in fuga. Se sono finito finanche io su un giornale nazionale come il Messaggero come 'Cervello in fuga da Pescara', vuol dire proprio che è un fenomeno diffuso, e che fuggono non solo i futuri premi Nobel.

Fuggono ricercatori, dottorandi, dottori, laureati che frequentano master, 'PhD', specializzazioni post-laurea, 'stage' di approfondimento. Il premio Nobel per la Medicina, Renato Dulbecco, ha scritto nel 2008 che: "Chi vuol fare ricerca se ne va, oggi come ieri, per gli stessi motivi. Perché non c'è sbocco di carriere, perché non ci sono stipendi adeguati, né ci sono fondi per le ricerche e le porte degli (ottimi) centri di ricerca sono sbarrate perché manca, oltre ai finanziamenti, l'organizzazione per accogliere nuovi gruppi e sviluppare nuove idee".

Noi 'cervelli in fuga dall'Italia' non vogliamo esprimere sdegno e rabbia nei confronti di un paese che non ha saputo valorizzarci. Io almeno vorrei solo che l'Italia si confrontasse a paesi più organizzati e onesti dal lato lavorativo, e iniziasse a comportarsi con meritocrazia.

Non per me, che le mie soddisfazioni le ho avute, tutto quello che di più bello potevo sognare per la mia carriera l'ho ottenuto. Oltre i miei più sfrenati sogni. Ma per i giovani d'oggi, i ventenni e trentenni che ancora non sono stati abbattutti dal sistema nepotistico e 'raccomandazioni-prima, curriculum-dopo' dell'Italia. E anche per dei cervelli che vogliono tornare.

Noi ricercatori italiani non meritiamo strutture inadeguate e inutilizzabili, fondi che mancano, stipendi da fame che ci legherebbero per sempre a mamma e papà. A 1.000 euro al mese vieni mortificato nel frigorifero e nell'orgoglio.

Il corrente sistema di selezione scoraggia i migliori e premia i raccomandati. La nostra Italia dovrebbe rammaricarsene. La preparazione di base della nostra scuola superiore, il liceo, e della nostra università è ottima. L'Italia addirittura offre tutto questo gratis. E dovrebbe sfruttarci dopo, negli anni nostri più produttivi, appunto dai 20 ai 40.

Ricordatevi che a fuggire sono molti primi della classe. E succede come succede con alcune ragazze che da giovani non ci hanno voluto. Ritrovandoci anni dopo, se ne pentono. Penso a Paola, la più bella delle medie, che mi fa la corte ora a quarantanni.

L'Italia si è persa la nostra forza, la nostra passione, e la ricchezza delle cose che facciamo. Peccato. Io cerco di ridargliela, anche continuando ad andare a congressi in Italia, anche scrivendo questo libro in italiano. Ma una volta che hai incontrato una donna in gamba, che invece ti ha dato tutto, quella con gli occhi verdi delle medie è un ricordo, che non diventerà più realtà.

I 'revivals', come li chiamavamo da giovani, o le 'minestre riscaldate', non funzionano. L'Italia, la nostra prima amante, non ha avuto la forza di farci crescere come sognavamo. Dopo anni di successi all'estero, e di sogni realizzati, in Italia ci piace tornare per la famiglia, gli amici, per andare al mare, per il sole. La nostalgia di casa è forte. L'Italia rimane sempre nel cuore.

Ma non si può ritornare in Italia a lavorare in un sistema abbandonato decenni fa da giovani. E in cui, dopo anni di confronti, non si crede proprio più. Una volta sperimentate le possibilità offerte dalle università straniere, è difficile tornare indietro.

Tutto quello che vuole un giovane è opportunità. L'opportunità di vedere premiati il proprio impegno, le competenze acquisite, la volontà di lavorare. Con giudizi favorevoli, pacche sulle spalle, avanzamenti di carriera, stipendi adeguati al merito, dati in maniera imparziale. E questo si fa quando i concorsi sono organizzati da esterni, da parti interessate solo al merito e al profitto dell'azienda.

Restare o tornare in Italia mi fa venire in mente solo la frustrazione, per fortuna non mia che sono andato via a 19 anni, ma dei tanti miei colleghi che hanno lavorato anni nelle università italiane. Per poi vedere sforzi e studi vanificati da concorsi pilotati, con i nomi dei 'predestinati' che si conoscono in partenza. O di dottorati al termine dei quali non c'è alcuna prospettiva di futuro e di carriera.

Una specializzanda di Padova, che era divenuta grazie al nostro training a Philadelphia una delle migliori ecografiste fetali tri-dimensionali al mondo, venne messa a fare oncologia al suo ritorno. E scappò in Belgio, dove si è sposata dopo aver vinto il concorso in università in fiammingo. Come fa l'università italiana a non premiare gente così determinata?

La soddisfazione per avercela fatta con i propri mezzi, grazie alle proprie capacità, senza dover sottostare al barone di turno o dover ricorrere al sistema delle raccomandazioni è enorme. A me, ripaga di qualsiasi difficoltà. Il clima di collaborazione tra colleghi, l'organizzazione delle università, le opportunità che vengono offerte sono uno stimolo continuo a crescere, a dare il meglio di sé. Che vita!

L'Italia 'allineata'

"Non aspettare che un mentore ti prenda sotto la sua ala. Trova una buona ala e mettitici sotto"
Frank C. Bucaro

Ho avuto tanti ottimi 'mentori' in America. Uno dei migliori, Ron Wapner, mi disse un giorno che, da italiano, sarebbe stato interessante per me e per la mia carriera stringere rapporti accademici con le migliori università italiane. Avendo fatto l'università negli USA, non avevo conoscenze nelle università italiane. Alla fine degli anni '90, alcuni colleghi italiani incominciarono a conoscermi, sia tramite le pubblicazioni scientifiche internazionali, sia ai congressi americani.

Fu così che fui invitato svariate volte a Roma, Bologna, Firenze, e iniziai stretti contatti con Milano, e Padova. Nel primo decennio del 2000, tutti mi volevano, e volevano anche mandare i loro migliori specializzandi da me ad imparare. Il destino di una dozzina di specializzandi provenienti da tutte queste 5 facoltà è stato cambiato per una visita alla Divisione di Medicina Materno-Fetale del Prof Berghella,...io!

Quando venne Marianne, una ragazza di Roma e di quella università, i rapporti con i professori della sua facoltà capitolina si strinsero ancora di più. Alcuni dei professori sono degli ottimi scienziati, dediti alla loro professione, intelligenti. I capi però, in genere, hanno abbandonato la scienza, e sono dei politici. Il loro scopo è mantenere, consolidare il potere. L'aspetto clinico, didattico, e di ricerca è fuori dal loro interesse.

Ricordo che, durante uno scambio di email, il 'vice' capo di una delle università mi chiedeva se volevo collaborare in modo ancora più stretto con loro. Nel chiedermelo, sapendo che collaboravo già con molte altre università nel mondo, mi disse che il 'capo', l'Ordinario dell'Università Statale di Roma, voleva essere sicuro che io fossi 'allineato' con loro. "Sei allineato con noi?", scrisse.

Oramai conscio di come funzionano le cose in Italia, mi resi conto che l'Università di Roma voleva la mia 'esclusiva', voleva che interrompessi i rapporti con gli altri, che li considerassi superiori, che li favorissi. Che peccato, Marianne è stata l'ultima specializzanda a venire da quell'università. Dopo aver ricevuto la mia risposta, vaga e non 'allineata', non hanno più concesso l'opportunità di venire a nessuno dei loro specializzandi. Le altre università continuano a mandare i loro giovani più promettenti e più dediti alla professione.

È proprio un sistema che non capisco, non mi va giù. Mi avessero chiesto di partecipare ad un progetto di ricerca, di accogliere più specializzandi, di fare lezione a Roma più di frequente, ecc, avrei senz'altro accettato. E quindi mi sarei allineato con la scienza. Ma uno non si allea in 'patti di ferro' che sembrano solo fatti per future guerre, e a scapito degli altri.

Il calcio

"A bola è fundamental para alegria general"
(Il pallone è essenziale per l'allegria generale)
Biu Brujin, mio amico di Rio de Janeiro

Io amo il calcio. Ne sono pazzo. Lo pratico ancora, da più di 40 anni. Gioco ancora a calcio, calciotto o calcetto tutto l'anno, almeno una volta alla settimana. Di solito all'aperto, 11 contro 11. Mi hanno operato al menisco, due volte, ma non mi fermo. O solo per passare almeno altre 2-4 ore alla settimana attaccato alla televisione a guardarlo. Ho invogliato i miei figli a giocarci. Li guardo almeno una volta alla settimana giocare in piccoli tornei. Ne ho fatto entrambi tifosi dell'Inter. E visto che sono 4 anni che vinciamo il campionato, mi sento anche intelligente (che dico, un genio!) ad avergli consigliato questo team di vincenti.

Ma il calcio in Italia è un pessimo esempio. Come Berlusconi, è un esempio della perdita di valori nel nostro paese. I programmi di calcio alla televisione sono terribili. Non fanno più vedere neanche il calcio vero, quello giocato! Parlano solo, sempre, continuamente, e molto degli arbitri, stupidi, inefficienti o venduti. Di partite comprate. Di scandali.

Gli esempi dei campioni per i nostri figli italiani sono terribili. Ibrahimovic che sputa per terra. O fa gestacci verso il suo pube rivolto ai suoi stessi tifosi che lo fischiano, malgrado sia un fuoriclasse. Gattuso fa falli da criminale, anche se poi si scusa sempre, come bastasse. La Juve che si drogava tutta. Inzaghi che si butta a terra anche se c'è un po' di brezza. Cerca di imbrogliare, di 'fregare' l'arbitro. E oramai come fa Inzaghi lo fanno il 90% dei giocatori.

Bell'esempio per i ragazzini di 5-6 anni. Loro imparano quello che vedono. Se i miei figli a quell'età sentivano una parolaccia, la ripetevano subito, e la memorizzavano per sempre. Lo stesso per il labbiale del giocatore. Che subito dopo smoccola dal naso un'enorme caccola in mondovisione. Poi Totti, che invece sputa direttamente in faccia. E, per farsi notare di più, lo fa al campionato del mondo.

Se un giorno mi conoscerete bene, saprete che sono pazzo di calcio, è il mio passatempo preferito. Ma capisco che, in Italia soprattutto, è una delle influenze più deleterie sul paese, e soprattutto sui più giovani. Squadre che vengono retrocesse per aver comprato le partite. Giocatori che quindi hanno fatto finta di giocare quando invece cercavano di far fare gol all'avversario. Che presa in giro.

Purtroppo il calcio è spesso solo lo specchio della società. Allo stadio la gente inveisce, dice scurrilità irripetibili. Ad un Pescara-Napoli quasi mi accoltellavano in curva. Ad un Lazio-Pescara, vidi gli Ultrà saltare da un anello all'altro della curva , quindi circa 5-6 metri, per non prenderle. Cose da guerra. Violenza pura.

Andate pure ad una partita di baseball, hockey, basket, negli USA. Le prime volte non ci potevo credere. C'è gente che va allo stadio con la maglia della squadra in trasferta. Io, da italiano, credevo fossero aspiranti suicidi. Invece, potevano fare anche il tifo, senza che gli altri, i 'padroni di casa', se ne risentissero più di tanto.

Ricordo una delle tante partite che vidi ai campionati del mondo di calcio del 1994, a New York. Italia-Irlanda. Io e il mio amico siciliano Biagio eravamo in curva, attorniati da irlandesi, e qualche americano. Lo stadio era quasi tutto verde, bianco e... arancione. Noi ci aspettavamo un mare di tricolore italiano, essendo a New York. Dimenticando che negli USA ci erano arrivati in massa prima gli irlandesi di noi.

Io quella sera finii in televisione. Ero tutto verde, bianco e rosso, dalla faccia fino alle scarpe. Malgrado ciò, sugli spalti, sotto un sole caldo e umido, facemmo amicizia con alcuni irlandesi. Perdemmo durante tutta la partita, visto che loro segnarono presto nel primo tempo, e finì 1-0. Ci offrirono arance, acqua, birra. Alla fine quasi quasi mi veniva voglia di cantare insieme a loro, che si erano dimostrati dei veri gentlemen. Anche se erano muratori.

La moviola in Italia e nel calcio in genere dovrebbe esistere dal vivo. Come si fa oramai per il football americano, per il tennis, e per tanti altri sport. E che ci vuole! Nel footbal americano, in meno di 1 minuto, sia in televisione che dal campo rivedi l'azione dalle 20 telecamere possibili, usi il computer, e capisci subito se è fallo o no, se è gol o no. E tutto finisce lì. Così nel tennis, dove, come nel football, se non ti va bene cosa ha detto l'arbitro, ti puoi subito lamentare così da rivedere l'azione e capire con dati alla mano chi ha ragione e chi no.

In Italia a volte mi sembra che questo non sarà mai possibile per il calcio. Possibile che alla gente piaccia parlare del fatto se c'era rigore o no su Del Piero per tutta la santa settimana? Ma non sarebbe più bello, più umano, più serio, più intelligente, più da sportivi parlare degli schemi, o del fatto che Del Piero oramai è un brocco, o che si doveva fare il 4-3-3 e non il 4-4-2?

Ma il calcio è l'anti-scienza. Un teatro da attori. Compresi gli arbitri, che a volte vogliono fare anche loro i protagonisti. Alzano la voce, si rivolgono ai giocatori in modo spavaldo, cattivo, da avversari. E poi, alla fine della partita, quanto sarà il recupero?

Tutti voi lo sapete, la partita dura 90 minuti, 45 e 45. Ma pochi sanno che la media del tempo in cui la palla è in gioco, è solo 45-50 minuti, se va bene. Non ho mai capito quindi come mai, alla fine del primo tempo, non c'è quasi mai il recupero, o al massimo 1 minuto. E alla fine del secondo tempo, dare 5 minuti è un'eternità, il massimo. Ma non bisognerebbe dare almeno 40 minuti per arrivare al novantesimo vero?

Nel basket, nell'hockey, in tanti altri sport più 'sportivi', c'è il tempo effettivo. Nel calcio si potrebbero giocare 50 minuti effettivi, 25 e 25, e si eviterebbero situazioni diseducative e da imbroglioni. Gli italiani, anche in Coppa del mondo, sono dei maestri nel perdere tempo. Non solo la melina. Ma soprattutto il non andare a raccogliere la palla. Farsela rimbalzare addosso senza prenderla quando te la danno per il fallo laterale. O il portiere che prende la rincorsa per un minuto per la rimessa dal fondo. A me vengono i bollori solo a pensarci.

Ma non è meglio vincere in modo leale? Attaccare è la migliore difesa. Perché questo lo capiscono solo a Manchester, a Boston, a Londra? Il calcio dei finti rigori, delle truffe di partite, delle perdite di tempo, è lo specchio dei valori della nostra stupenda nazione. Da lì, chi vuole, capisce le virtù (pochissime, ma l'estro e la genialità senz'altro) e i difetti (numerosissimi e in parte già enunciati) dello stivale tricolore.

In America, gioco ancora tutti i weekend. Ci sono ragazzi argentini, israelinai, tedeschi, serbi, haitiani, di Trinidad e Tobago, brasiliani, algerini, columbiani, spagnoli, inglesi, azerbaigiani, cinesi. Facciamo 3 squadre di 8 persone, a caso, a seconda della maglia che abbiamo portato (blu, rossa o bianca). Si gioca a turno per 10 minuti a partita.

Quasi non teniamo neanche il conto dei gol. Alla fine non ricordo mai quante ne ho vinte e quante ne ho perse. Non si può entrare in scivolata. È rarissimo che qualcuno si faccia male. Se la palla esce, è chi ce l'ha mandata che la dà all'altra squadra dicendo che è rimessa laterale loro. Si fa più difetto a dire che è fuori che è dentro per il fallo laterale. C'è una correttezza estrema.

Ci si concentra nel fare esercizio, correre tra amici. Su chi fa il passaggio o il gol più bello. Corrono tutti come matti, nessuno si piazza davanti alla porta avversaria e aspetta il passaggio. Non esiste melina. Non esistono gomitate. Ma si corre, mamma se si corre. E alla fine si fa sempre il 'terzo tempo', come lo chiamano in Italia. Ci si scambia l'acqua o il gatorade da bere, ci si abbraccia sudati, pacche sulle spalle, e arrivederci al prossimo weekend, quando le squadre saranno tutte ancora una volta diverse. Ma il divertimento e la serenità uguali.

Etica di vita

"Il lavoro è la sola cosa che dia sostanza alla vita"
   Albert Einstein

Come dice Ignazio,
1. Ci devono essere conseguenze serie per comportamenti non tollerati: dalla prigione per chi non paga le tasse, alla bocciatura per chi non studia.
2. Meritocrazia: Va avanti chi se lo merita.

I concorsi devono essere seri. In America, se un concorso è truccato, va dentro sia chi ha fregato, sia chi ha fatto fregare. A scuola chi copia riceve '1'. Chi fa il compito male, ma da solo, dal 3 in su.

In Italia non bocciare un/a ragazzo/a che è riuscito/a a copiare la maggior parte dei compiti la maggior parte dell'anno insegna a questo giovane individuo che il sacrificio non paga, non è necessario. E quindi che fregare è da furbi, conviene.

Io ho imparato dalla vita, almeno in America, che più mi impegno più 'vinco', più vengo apprezzato, più porte mi si aprono. Voglio tornare al detto negli USA che dice: "The harder I work, the luckier I get" ("Più lavoro, più sono fortunato"). Il vero significato di questo detto è meraviglioso, raffinato. Non è la fortuna qui in America che porta al successo, ma l'impegno, quello che i nostri nonni chiamavano il 'sudore della fronte'.

È un grandissimo onore venire notati, e non farsi notare. Ricordo in particolare una stretta di mano. Durante la Residency (specializzazione) in Ostetricia e Ginecologia, mi sono innamorato del processo della gravidanza. La nascita di un bambino, spesso il momento più bello della vita di un uomo.

Volevo curare le donne che in gravidanza hanno problemi, a volte molto seri, loro o del loro feto ancora in grembo. La Fellowship (Super-Specializzazione) per questa branca, l'ostetricia cosidetta ad alto rischio, si chiama Medicina Materno-Fetale, o Perinatologia.

Feci domanda per entrare nei migliori programmi di New York o Philadelphia. A Philadelphia c'era Ron Wapner che dirigeva la Divisione a Jefferson. Un mito vivente. Ricordo che al colloquio scherzava, parlammo quasi sempre di sport, di football americano.

Sapeva che aveva offerto il colloquio solo ai migliori d'America. Voleva solo assicurarsi che fossimo 'normali', simpatici, capaci di lavorare in un team e farlo divertire, come chiaramente faceva anche come professionista noto in tutto il mondo.

Tramite un altro rigorosissimo Match, il computer mi assegnò a Jefferson. Due giorni dopo, il 29 ottobre 1993, andai da New York a Philadelphia, per rivedere vecchi amici dell'università, e conobbi la donna della mia vita. La mia Fellowship fu un tripudio professionale e personale.

Nell'ottobre del 1995, venne la stretta di mano. Ron mi chiamò nel suo ufficio. Parlammo come al solito di tutto, dai casi del giorno con le complicanze più difficili in gravidanza, ai vari studi che stavo facendo, ai manoscritti che mi correggeva riempendoli di inchiostro rosso. Era, come al solito, inizialmente stravaccato sulla sedia, disteso, quasi orizzontale.

Poi si rimise dritto, e si sporse in avanti, verso di me, che gli stavo di fronte. Mi disse che era tempo che io decidessi cosa fare dopo la Fellowship. Aveva sentito che mi trovavo bene a Jefferson e a Philadelphia. Mi offrì di restare come strutturato. Non avrei sognato di meglio. Mi strinse la mano sorridendo. Non avevo neanche capito bene quanto mi pagava. La fiducia in me bastava.

Non poteva raccomandarmi nessuno. Mio padre non parla neanche inglese. Ron Wapner conosce tutti negli USA. Avrebbe potuto sceglierne tanti altri. Scelse me, che conosceva bene. Un grande onore che non ho dimenticato. Che ti resta nel cuore, e nella testa.

Negli USA, la maggior parte degli 'strutturati' in università cambia sede. Pochi sanno che l'americano cambia città di residenza in media ogni 6 anni. In media! In medicina è più o meno uguale. Nel 2000, il mio mentore Ron Wapner se ne andò in un'altra università dopo aver litigato con il Chairman (Direttore e Ordinario) per dollari.

Voleva assolutamente che lo seguissi. Ma era andato in un'università dalla fama non altrettanto buona, e fra l'altro con gravi problemi finanziari. Erano appena usciti dalla bancarotta. Un peccato perderlo, ma non potevo permettermi di compromettere una carriera che lui aveva reso possibile, ed io ora adoravo.

Mia madre dice sempre che, quando si chiude una porta, si apre un portone. Dopo averci pensato un po', capii che quella era un'occasione. Ero in buoni rapporti con il Chairman. Il Prof Bolognese, americano fino al midollo, non sapeva una parola d'italiano, malgrado il cognome. Devo ammettere che glielo proposi io. Lui ci pensò 10 secondi, e poi mi disse che sarei stato il nuovo Direttore di Medicina Materno-Fetale. Aveva in mente anche altri candidati, ma lui aveva fiducia in me. E mi avrebbe aiutato.

Nel 2002, il Preside della Facoltà di Medicina licenziò Bolognese. Sì, perché qui è comunissimo mandare via il capo. Se non produce quello che gli si è richiesto, non c'è raccomandazione o simpatia che tenga. E venne mandato via a 60 anni, all'apice della lunga e gloriosa carriera. Giusto magari, ma anche un po' cattivo.

Da un estremo all'altro. Negli USA possono mandare via anche il Presidente, come è successo a Nixon. Molti primi ministri italiani hanno fatto molto peggio, sono stati scoperti, ma non mandati via. Così in tutti gli altri strati della società. La tua segretaria può andar via quando vuole, dandoti 2 settimane di preavviso. Tu la puoi mandar via dandole solo quello che le rimane di ferie. Dicendo solo che non hai più i soldi per pagarle lo stipendio. Basta questo. Anche l'estremo USA è spesso biasimabile. "In medio stat virtus".

Il Preside mi chiamò, era maggio. Mi guardò negli occhi, e mi affidò il dipartimento come nuovo 'Acting Chairman', Direttore del dipartimento pro-tempore. Era un enorme onore. Ma anche un'enorme responsabilità.

Lui mi disse che mi ero dimostrato in gamba nella gestione della divisione. Che la fellowship che ora guidavo dopo la partenza di Wapner andava a gonfie vele grazie a me. Che tutti mi stimavano, e parlavano bene di me. Per lui, dovevo accettare di fare il capo, me l'ero meritato, e lo dovevo ai miei colleghi.

Potevo mai dire di no al Preside di Facoltà? Dissi di sì. Passai 19 mesi a gestire personale, tagliare budget, decidere dove avremmo avuti i nuovi uffici ambulatoriali, quali quadri appendere sulle pareti della sala travaglio. Un lavoro per cui non ero tagliato, che non mi piaceva. Per cui non avevo mai studiato.

Ma evidentemente lo feci bene, almeno agli occhi del Preside e del 'Board of Trustees' dell'Università. Tentarono in tutti i modi di convincermi a rimanere Direttore del Dipartimento permanente. Mandarono nel mio ufficio, un giorno, addirittura il capo dei capi, il Chairman del Board of Trustees, il capo assoluto di tutta l'università.

Questa volta dissi di no. A me piace fare il medico. Il ricercatore. Il mentore di giovani. Non l'amministratore di budget. A volte nella vita i 'no' che dici sono più importanti dei 'sì'. Fu un 'no' molto azzeccato. Tornai finalmente ad ascoltare quello che mi diceva a casa in cucina Paola, mia moglie, che avevo ignorato per 19 mesi. Mi passò l'insonnia. Le chiazze di pelle liscia tra la barba scomparvero. Tornai me stesso.

Se semini bene, in America hai talmente tante occasioni che puoi permetterti di dire 'no'. Puoi scegliere il tuo cammino. Puoi cogliere occasioni, e successivamente cambiare strada. Il Preside trovò un nuovo Direttore. Che ne aveva 56 di anni, ed era già Direttore in Ohio. Nonostante tutto, il mio salario, aumentato del 26% durante i mesi da Direttore di Dipartimento, non mi fu abbassato. Più di 5 anni dopo, malgrado sono ancora 'solo' Direttore di Divisione, non di Dipartimento, il mio salario è ancora quello, più il 3% di aumenti automatici annuali. Un riconoscimento che apprezzo moltissimo.

Da allora mi hanno offerto posti da Direttore di Dipartimento o di Divisione in molte università americane, tra cui: University of Tennessee; Ohio State University at Columbus; University of Ohio at Cleveland; Washington State University in St Louis, Missouri; University of Florida at Miami (Jackson Memorial Hospital); University of Pennsylvania; University of California at San Francisco (UCSF); Cedars Sinai (Los Angeles); Baylor College of Medicine, Houston, Texas; e New York University.

Io e la mia famiglia ci troviamo bene a Philadelphia. A Jefferson. La possibilità di dire di no. Il privilegio di scegliere. E pensare che New York University aveva mandato indietro il mio assegno di iscrizione a medicina. Ora mi volevano a dirigere un intero dipartimento con 50 milioni di dollari di budget, più di 300 dipendenti.

Forse uno dei momenti di maggiore soddisfazione professionale l'ho vissuto quando la prof. Mary D'Alton, Chairman di Ostetricia e Ginecologia alla Columbia University di New York, mi ha chiamato per offrirmi la Directorship di Medicina Materno-Fetale in quella prestigiosissima università.

Forse Mary era ed è la più potente, in vista degli ostetrici-ginecologi in America. Nel 2004 mi chiamò anche lei al telefono. Una sorpresa inaspettata. Non la conoscevo bene. Ma lei si era molto informata su di me. Conosceva i miei articoli scientifici, e aveva sentito le mie presentazioni ai congressi internazionali. Poi aveva chiesto pareri un po' in tutta America.

Il Chairman di Ostetricia e Ginecologia dell'università a noi vicina, University of Pennsylvania, che anch'io conoscevo poco, le aveva proposto il mio nome. Non c'erano giochi di potere. Nessuno di loro era mio parente, era allineato con me o io con loro.

Erano solo la mia 'fama', quello che avevo fatto e la reputazione che avevo che mi avevano portato ad avere quest'occasionissima. Il posto poi fu anche reclamizzato, altri erano in corsa. Io feci 3 colloqui, in cui credo Mary vide che avremmo potuto lavorare affiatatamente insieme. Mi offrì il contratto, che ancora conservo come un grande successo.

Il capo in America vuole primeggiare. Se deve reclutare un nuovo impiegato, vuole il/la migliore. Non ci sono parentele o raccomandazioni che tengano. Quell'impiegato deve 'fruttare', deve essere produttivo. Deve essere intelligente, gran lavoratore, determinato. Se l'impiegato non rende, ne può benissimo andare di mezzo anche il capo, o colui che lo ha selezionato.

Per questo Mary chiamò e poi offrì il lavoro a me. Ho fama di gran lavoratore. 'Produco' molta ricerca, mi impegno a dare il meglio per il paziente, per gli studenti a cui insegno. L'approccio americano è quello del team. Se c'è un membro debole, si perde. Come in tutte le squadre, il presidente e l'allenatore vogliono i migliori elementi. Così in America. Ho visto professori bocciare i propri figli, allenatori non fare giocare i propri parenti. Sì, succede anche in Italia, ma non con così tanta regolarità.

Fummo io e mia moglie a decidere di non andare a New York. Che libertà! La libertà di poter decidere. Che viene da 2 cose. Vivere in un paese meritocratico. E meritarsi le opportunità.

Negli Stati Uniti la gente è felice di avere un lavoro. Vuole lavorare. Ci crede. Questo ambiente è coinvolgente. Se sei in un ambiente dove la gente vuole lavorare, dove vedi che lavora serena, con profitto, viene voglia di fare lo stesso anche a te, di emularli.

La grande fortuna dell'America è di attirare grandi lavoratori, e grandi menti, da tutto il mondo. Molti dei loro 'grandi' erano stranieri. L'America è stata fondata da stranieri in gamba, con la voglia di fare. George Washington, Thomas Jefferson, Benjamin Franklyn erano tutti figli di emigrati. Anche William Penn, da cui in nome Pennsylvania dello stato in cui vivo, era nato e cresciuto a Londra. Tanti immigrati con la voglia di fare, sin dall'inizio della storia USA.

Albert Einstein è l'esempio più eclatante di stranieri (nato e cresciuto in Germania) che hanno poi fatto la fortuna dell'America trasferendosi lì. Di solito per lavorare meglio. E sono da ricordare anche i nostri Enrico Fermi, Renato Dulbecco, Rita Levi Montalcini, tutti premi Nobel che hanno fatto le loro scoperte, e in seguito conseguito fama e fortuna, negli USA e grazie a questo sistema.

Per non parlare dei campioni di sport. Metà delle star dell'NBA è straniera: serbi (Turkoglu degli Orlando Magic), spagnoli (Gasol dei Los Angeles Lakers), tedeschi (Nowinski dei Dallas Mavericks), francesi (Tony Parker degli Utah Jazz), cinesi (Yao Ming degli Houston Rockets), il nostro Andrea Bargnani (Toronto Raptors). Potrei andare avanti all'infinito.

È ancora peggio nell'hockey, dove ci sono tantissimi canadesi e cechi. Il baseball è pieno di gente dei Caraibi e di giapponesi. Il calcio è zeppo di europei e di sud-americani. Ecco come si migliora, come si va avanti. Confrontandosi coi migliori.

Lo stesso fanno le grandi università, come Harvard, Yale, Columbia, ecc. Non si guarda al passaporto, ma a chi è il migliore, a chi può dare di più all'organizzazione. Nel mio campo della medicina materno-fetale, o perinatologia, o ostetricia ad alto rischio, i migliori negli USA sono irlandesi, venezuelani, greci, libanesi. Ma l'ho capito solo di recente. Facciamo tutti gli americani quando siamo qui.

Questo Obama l'ha capito. È questo il motivo principale perché l'ho votato. Gli americani 'medi' questo non l'hanno capito, o non lo vogliono capire. Spesso quando vedono un cinese o un indiano dell'India pensano a qualcuno che gli ha soffiato il lavoro. Ma dovrebbero capire che sono spesso menti e gran lavoratori che portano progresso e innovazione agli USA, e quindi a loro giovano.

Obama vuole continuare ad incentivare stranieri che invadano Harvard, Yale, Stanford, e tutte le altre meravigliose strutture accademiche americane. Cercando di farli rimanere qui dopo la scuola a lavorare. E per quelli che non rimangono, sa che diventeranno leaders delle loro nazioni. Un numero enorme di leaders mondiali ha studiato negli USA.

Gli Agnelli sono amici dell'America, avendo studiato qui. Così come leaders asiatici, africani, latino-americani, europei. Gli americani hanno amici potenti dappertutto perché li hanno prima attirati qui da giovani, nei loro anni migliori. Il papà di Obama tornò in Kenya come leader politico, ma lasciò qui un infante che avrebbe cambiato non solo l'America ma la storia del mondo.

Racconto sempre una della frasi che Ignazio Marino mi ha detto una delle prime volte che ci siamo conosciuti. Da giovane aveva finito Medicina alla Cattolica, specializzazione al Gemelli, e poi a Cambridge ad imparare ancor meglio chirurgia dei trapianti. Una carriera stellare sin da giovane, nei migliori centri europei. Ma fu a Pittsburgh che veramente esplose Ignazio Marino. Era andato lì perché c'era il pioniere dei trapianti d'organo, colui che aveva fatto il primo trapianto di fegato al mondo.

Un giorno Ignazio mi disse: "Ah che bei tempi quelli. Spesso entravo in ospedale la mattina del giovedì, e uscivo solo tardi la sera del lunedì." Lavoro continuo, con poche ore di sonno o di riposo. Continue urgenze, casi tra la vita e la morte, il maggior numero di trapianti di fegato non solo negli USA ma al mondo. Un lavoro durissimo, che son sicuro mise a dura prova se non la sua salute senz'altro le sue amicizie, i suoi rapporti con il mondo esterno.

Ed era a Pittsburgh. Una cittadina industriale, con niente di particolare tranne il fatto che tre fiumi ci si incontrano. Che poi in effetti sono due, che si incontrano e ne formano un terzo. Nel mezzo dell'America, lontano dai centri storici del sapere di questa nazione. Anche lì, però, si poteva formare un gruppo leader, una struttura all'avanguardia nel mondo, e lavorare con profitto. Il segreto: attirare persone come il prof. Starzl, il chirurgo capo, come Ignazio, e come tanti altri giovani di belle speranze che potevano divenire realtà.

In Italia, troppo spesso le belle speranze restano tali. Conosco bene l'ambiente chirurgico italiano. La chirurgia non è solo scienza, ma anche manualità. In sala operatoria c'è bisogno di gente fisicamente forte, capace di rimanere concentrata, in piedi per ore. Chi meglio di un giovane?

La manualità si impara meglio a vent'anni, e rimane ottima fino a verso i 50 anni. Gli anni migliori sono i 20-30 per imparare,

30-40 per perfezionarsi al meglio, e i 40-50 quando raggiungi il meglio di te stesso, perché hai acquisito esperienza e sei quindi più consapevole di possibili complicanze e del modo migliore di evitarle.

In Italia a 20-30 anni porti la borsa del professore. Gli porti la macchina dal meccanico, o i vestiti in lavanderia. A 30-40 l'accompagni ai congressi, dopo avergli preparato le diapositive. Ti puoi 'lavare' come secondo o terzo aiutante in sala operatoria, se sei fortunato, ed insisti. A 40 anni ti danno un posticino in università, da ricercatore, perché sei stato ubbidiente e non ti sei ribellato. E incominciano a pretendere, quando ad agosto sono in vacanza, che alcune operazioni le faccia tu.

Ma non ti hanno mai insegnato niente. Molti baroni non fanno entrare gli specializzandi in sala operatoria. Uno dei più bravi ecografisti fetali al mondo, a Bologna, gira lo screen dell'ecografo in modo da non far vedere le immagini agli specializzandi quando fa le ecografie. Ha imparato all'estero, e poi facendo migliaia di ecografie e lavorando sodo. Ma in Italia nessuno gli ha mai dato niente. Nessuno gli ha insegnato. È entrato in università dopo i 45 anni, malgrado fosse il migliore nel suo campo in facoltà da quando ne aveva 30.

Quando sono stato invitato a fare una lezione plenaria alla sala Galvani del Sant'Orsola dall'Università di Bologna, l'Ordinario arrivò in Mercedes nera, con autista in guanti bianchi. Mi presentò tante persone. Ma non la vera star internazionale, Gianluigi Pilu. Lo avevo visto arrivare con una vecchia bicicletta. Dimenticanza? Altro? Io lo vidi seduto nelle 'gradinate' di legno della stupenda sala. Lo andai a salutare, a rendergli omaggio. Non fui ben visto da altri.

La casa dell'Ordinario, su Strada Maggiore, era in un edificio del '500. Giardini interni, sarcofaghi etruschi, lusso in ogni particolare. Tra caviale e champagne, l'Ordinario mi disse, in confidenza: "Domani devo fare un cesareo. Pensa, solo 25 milioni. Non ne vale la pena. Ci manderò un altro".

Ricchezza sfrenata, avidità. Viveva con una bella ragazza, avvocato, di almeno 30 anni più giovane di lui. Divorziato, quasi non aveva rapporti con il figlio. Anch'esso però ostetrico in università. Questo l'esempio di leader che tanti specializzandi innocenti avevano di fronte agli occhi.

Anni di frustrazioni, con di fronte agli occhi esempi di pigrizia, di invidia, di dittatura dei peggiori, tagliano le gambe dei giovani italiani. L'entusiasmo del ventenne muore dopo aver provato, sulla propria pelle, che l'impegno non paga. Anzi. Bisogna allinearsi e tenere la testa bassa per sperare, dopo 20 anni, di 'arrivare' al posto. Qualsiasi tua iniziativa è smorzata, spenta, ridicolizzata.

Ai congressi presenta ancora l'anziano settantenne barone, con le diapositive preparate da altri. I dati nuovi vengono presentati da chi non li ha ottenuti. E quindi vengono sviliti. Un giovane può presentare studi, impegnarsi in laboratorio, lavorare il weekend, fare le notti gratis. Alla fine sarà l'amante dell'Ordinario a prendere il posto da Associata.

Basta un episodio del genere in facoltà a togliere la voglia di impegnarsi a dozzine di ragazze e ragazzi. Quando sai che c'è la 'star', il migliore di tutti, quello o quella che lavora di più, è più intelligente, si è impegnato al massimo, e dopo 5-10 anni, a lui (o lei) viene preferita un'amante, o un/a raccomandato/a qualunque, ti passa la voglia. Queste faccende sono palesi, note a tutti.

E hanno rovinato almeno 2 generazioni di ragazzi italiani. Tanti cervelli lasciati marcire. Siamo i migliori, ma non ci valorizziamo. Alcuni, pochi, scappano all'estero, ed è di loro (noi) che ogni tanto si parla sui giornali. Ma quelli come me che sono andati all'estero hanno per lo più fatto fortuna, nel senso che hanno potuto seguire i propri sogni, realizzarli, ed avere un mondo di soddisfazioni.

Io sono triste per la stragrande maggioranza dei giovani che sono rimasti, e non hanno potuto dare il loro meglio. Quelli che avevano voglia di curare i pazienti, e non gli è stato permesso. Quelli che volevano studiare il cancro, ma sono stati madati in anestesia. Che volevano fare il neurochirurgo, e sarebbero stati bravissimi, e sono finiti nello studio dentistico dello zio.

E sono dispiaciuto anche per i pazienti italiani, che potrebbero avere i migliori medici al mondo. E che invece devono aspettare 2 anni per farsi operare dal vecchio barone, che può darsi li ucciderà o forse peggiorerà solo la loro salute.

Eppure, ve lo dico per esperienza personale, non c'è cosa più bella che insegnare quello che sai ad un altro. Un altro che vuole apprendere, che ti farà domande che aiuteranno te stesso a capire meglio il problema, magari a risolverlo. Il professor Crick non avrebbe mai scoperto la struttura del DNA senza la giovane brillantezza di James Watson.

Nella mia attività, saper prelevare i villi coriali (negli USA 'CVS', ovvero 'Chorionic Villus Sampling') è una procedura piuttosto avanzata, che sanno fare in pochi. Rimuovere cellule dalla placenta in una gravidanza vitale a 11 settimane è un'enorme responsabilità, con enormi rischi. Durante la fellowship, con grande impegno e attenzione, l'ho imparata.

Il mio 'maestro', il professor Ron Wapner, è stato uno dei primi, se non il primo a fare questa procedura negli USA negli anni '70. Gli ha fruttato fama e soldi. Anche se ammiro Ron in maniera straordinaria come il mio mentore di perinatologia più importante, non sono mai stato d'accordo sulla sua filosofia di insegnamento del CVS. Lui diceva che era importante insegnarla solo a pochi, così noi a Jefferson saremmo stati sempre in grado di farne molte, di averne quasi l' 'esclusiva'.

Una volta preso il suo posto nel 2000 come Direttore, ho cambiato completamente questa filosofia. Tutti i fellows che erano interessati ad imparare il CVS potevano farlo. Siamo presto divenuti il centro più importante negli USA per l'insegnamento di questa (ed anche di altre) procedure ad alto rischio in gravidanza. Il caso ha voluto che il CVS in generale nel mondo sia sempre più richiesto da donne in gravidanza. Ora in moltissimi stati degli USA c'è un ex-fellow del mio programma che fa (ed insegna a sua volta) il CVS.

Ma non è questa una delle soddisfazioni più belle della vita? Diffondere 'sapere', cultura? Che poi, nel mio caso, vuol dire diffondere salute, opzioni sanitarie, benessere? Godo oramai di più quando un mio ex-allievo vince un premio per l'attività clinica, didattica o di ricerca che quando li vinco io. La mia bacheca è piena. Ora penso che il mio 'buon nome' possa solo aumentare con il fatto che i miei allievi diventino leader nel nostro campo.

In America, almeno in medicina, si decide dove andare a lavorare non solo dove c'è un gran nome. Se il 'capo' alla Columbia a New York ha pubblicato molto, ma in 30 anni di attività nessuno dei suoi allievi si è affermato, tutti ne parlano, e il programma stesso perde di statura, d'importanza.

L'America lavoratrice e inzuppata di meritocrazia attira persone che agognano questo sistema di lavoro, di impegno, di dedizione. Attira lavoratori pieni d'iniziativa e pronti a sgobbare. L'Italia non ama lavorare. Anzi, lavorare è una vergogna. Pochi sono contenti del proprio lavoro. Considerano un degrado dover lavorare, il pensiero è tutto rivolto alla vacanza, al tempo libero. Chi ha voglia di fare viene preso in giro. Se ci si impegna, si è secchioni a scuola, e sgobboni al lavoro. Dei perdenti, insomma.

Ai miei occhi, la vita è tutto il contrario degli odierni valori italiani. Devo dire che le persone che stimo la pensano come me. Lo svago è importante, ma va abbinato all'impegno, allo studio, al lavoro. Impegnarsi da giovani a scuola, e da adulti al lavoro è un privilegio. Il lavoro nobilita l'uomo. Lo rende più intelligente. Lo rende altruista. Aggiunge un senso alla vita.

Io sono per le vacanze, per lo svago, lo sport. Do il massimo sia al lavoro che nel tempo libero dal lavoro. E l'uno aiuta l'altro. La vacanza spensierata mi aiuta poi ad essere più sereno e concentrato al lavoro. I successi professionali, dovuti al grande inpegno e assoluta dedizione, rendono un bagno in Adriatico più sognato, agognato, e quindi più gustoso, più goduto.

Vi faccio un esempio di serietà americana. Da tre anni sono responsabile, insieme a soli circa 30 specialisti in medicina materno-fetale in America, dell'esame di stato in questa materia.

L'organismo di cui faccio parte come dirigente e' l'American Board of Obstetrics and Gynecology, ABOG, che a dirlo mette già paura. Ogni aprile, ci riuniamo a Dallas, dove piombano anche circa 90 candidati per l'esame.

Per arrivare a questo punto della carriera, la trafila dei candidati è lunga. Bisogna avere finito con ottimi voti 4 anni di college, per essere poi ammessi a medicina. Dopo 4 anni di medicina, altri 4 di specializzazione in ostetricia e ginecologia. Di solito i migliori riescono ad entrare nella superspecializzazione di ostetricia ad alto rischio, anche detta Medicina Materno-Fetale.

È la branca che si occupa delle gravidanze in cui o la madre o il feto, o entrambi, sono a rischio di mortalità o morbidità, ossia di problemi gravi di salute. Il Board in Medicina Materno-Fetale è diciamo come un esame di stato finale, l'abilitazione.

L'esame è orale. 3 ore di esame orale. Le salette dell'esame, come tutto l'edificio, sono disegnate apposta. Un tavolino appoggiato al muro nel lato più corto. Lì, contro il muro, un computer con schermo grande, credo 30 pollici. Da un lato, una sedia. Quella del candidato. Dall'altro, due sedie, quelle degli esaminatori.

L'esame è l'incubo di ogni dottore americano. Per 3 ore, domande continue. Per mezz'ora difendi la tesi sperimentale. Per un'ora e mezza, facciamo domande sulla lista di tutti i casi clinici che ha fatto il candidato nei 12 mesi precedenti. Perché hai fatto questo? Cosa faresti se accade questa complicanza? Qual è il tuo management dell'insufficienza cardiaca in gravidanza?

La rimanente ora, sul computer, devi rispondere a casi preparati da noi professori. Impossibile sapere prima di che casi si tratta. Infezioni da citomegalovirus? Fibrosi cistica materna? Idrope fetale? Le domande le scopriamo noi esaminandi la mattina stessa. Ci riuniamo verso le 8:15, e cerchiamo in gruppo di rispondere ai quesiti. Per renderci conto, e decidere, insieme, di quale sia il minimo che un candidato debba rispondere su ognuna domanda.

Si inizia con la stretta di mano. Si fanno vedere su un foglio i nomi dei 6 esaminatori al candidato, che firma e rimane solo se non conosce gli esaminatori. Noi avevamo visto i loro nomi in precedenza. A volte ho dovuto dire che un candidato assegnatomi era stato mio specializzando, o che ci avevo fatto una ricerca insieme, ed avevano cambiato gli accoppiamenti.

Poi vediamo se hanno scritto qualcosa sulla tesi o sulle lunghe liste dei loro casi medici dell'ultimo anno. Sfogliamo tutte le pagine, con calma e attenzione. Offriamo una bottiglietta d'acqua, e la possibilità di andare in bagno. Poi si inizia.

L'esame deve assolutamente essere uguale per tutti. Iniziare esattamente alle 9:00. Io quest'anno, preso un po' dalla foga, ho iniziato un esame alle 8:58. Non so se mi richiameranno. Non sto scherzando. Forse ho perso la mia chance di essere Board Examiner in futuro.

In ogni stanza c'è infatti una videocamera. I 'capi' dell'ABOG, il prof. Gant in particolare, fanno monitoraggio continuo di ogni stanza. E le videocamere sono posizionate così da inquadrare noi esaminatori. Non gli esaminati. Gant vuole che non aiutiamo, non diciamo mai "Sì, va bene", o "No, sbagliato". Dobbiamo avere facce di bronzo.

Nessun sorriso. Nessuna espressione facciale, neanche movimenti in su e in giù per approvare o da lato a lato di disapprovazione. Per l'esaminato, snervante. Molti piangono, alcuni escono per vomitare. Tutti sudano, diventano rossi. Devono spesso sorseggiare un po' d'acqua per la gola secca.

Alle 9:30 suona un campanello tramite il computer. Quella sessione è finita, si cambia argomento. Alle 10:00 risuona. Noi due esaminatori ci alziamo. Cambiamo stanza e candidato. Nella nostra stanza arrivano due altri colleghi. Non ci guardiamo neanche in faccia. La serietà, l'onestà è totale.

Così alle 10:30, 11:00, 11:30. A mezzogiorno, il campanello è quello finale. Il candidato, seduto da 3 ore sulla sedia che scotta, può alzarsi, ed uscire. Libero. Tutti hanno sbagliato qualche risposta. Tutti hanno detto "I don't know" ("Non lo so") almeno alcune volte.

Noi 2 esaminatori restiamo nell'ultima stanza. Senza parlare, diamo i nostri voti. "Pass", "Borderline", e "Fail". Li scriviamo a penna. Una volta finito di votare individualmente per i nostri 3 candidati, possiamo parlarci. Ricordate che siamo sotto continua sorveglianza video. Finalmente io dico il mio voto per il primo candidato. Il mio collega dice il suo voto.

Se siamo d'accordo, diamo il voto finale, in comune. Altrimenti si discute, fino ad arrivare al voto finale per quel candidato per quell'ora di esame. Alla fine, consegniamo i nostri fogli con i voti a delle segretarie severissime che li controllano.

Durante gli esami, abbiamo scritto tutti le nostre impressioni su dei fogli bianchi, che consegniamo. I fogli arancioni hanno i voti. Se diamo 'Borderline', o 'Fail', dobbiamo compilare anche dei fogli verdi. Qui dobbiamo fare delle 'x' sugli aspetti deficitari dell'esame: 'diagnosi differenziata', 'tipo di terapie', 'conoscenza medica', 'professionalità', 'stile di management', ecc, aggiungendo dettagli.

Ci dicono di bocciare quelli che sono pericolosi, che prendono decisioni che mettono a repentaglio la vita del paziente. E anche quelli che non vorremmo avere nel nostro reparto, di cui non ci fideremmo a lavorare insieme per l'incolumità dei pazienti.

Ogni candidato quindi ha 3 voti, uno per ognuno dei 3 team di 2 esaminandi l'uno. 'Pass' vale 5, 'Borderline' 3, 'Fail' 1. Per essere promossi, bisogna prendere più di 10. Con 3 'Pass' fai 15, e passi facile. Con 3 Borderline vieni bocciato. Ci sono tante altre possibilità, che lascio a voi scovare. Ogni anno, circa l'80-85% dei candidati viene promosso. Il resto bocciati. Non posso immaginare un esame più imparziale.

Questo esame, così leale e onesto, rappresenta per me l'America in cui lavoro. È facile identificare chi sono i migliori, e promuoverli. Si vede subito chi si è impegnato per anni, ed è un professionista maturo ed esperto. Cerco sempre di ricordarmi i nomi di alcune stars per magari un giorno offrirgli un lavoro.

L'Italia che non stimo

"Ricambia il bene col bene, e il male con la giustizia"
Confucio

Ora che conoscevo un'altra realtà, l'esperienza in Italia era ancora più negativa. Se sei cresciuto in una certa realtà, e non ne sei mai uscito, è molto difficile giudicarla, quella tua realtà, che non puoi confrontare con nessun'altra. È solo quando esci, viaggi, conosci altre realtà, vivi, lavori in un'altra città, in un'altra nazione, che puoi giudicare, comparare adeguatamente, e farti un giudizio tuo. Queste sono le cose che ho imparato a non apprezzare dell'Italia.

La mancanza di cultura civile. Non si ha rispetto di tutto quello che sia civico. Ad esempio, lo stato, la polizia, la politica, le strade. La polizia viene vista come un ostacolo alla libertà (mentre negli USA come un grande mezzo per la sicurezza comune). Le barzellette vengono fatte sui Carabinieri. Questo è un corpo d'arma che dovrebbe solo essere lodato. Rischiano la vita per noi. E noi li prendiamo in giro.

La mancanza di cultura civile si vede anche nelle code. È uno degli aspetti che più ti fa capire quanto poco rispetto per le regole e per il prossimo ci sia in Italia. Vai alle Poste. Ci sono dozzine di persone ad aspettare perché il servizio è lentissimo. Invece di esserci una fila, tutti sono abbarbicati verso la finestrina. Non c'è rispetto di vecchiette, giovani, nessuno. La gara è a chi frega di più. Se posso passarti avanti, lo faccio con piacere, astuzia, un pizzico di malignità, senz'altro senza vergogna. Anzi, quando ti passo avanti posso fare anche un ghigno di soddisfazione. Se ti ribelli, mi ti ribello contro, e inizio una piazzata. Non c'è rispetto, non c'è cortesia. Non è che si va di fretta. Abbiamo in Italia proprio il 'gusto' di fregare. La cosa più triste è che questo lo notano i nostri figli, che poi si comporteranno come, o peggio, di noi. Che pessimo esempio.

Lo stesso succede sulle strade. Agli incroci, cerchi sempre di 'battere' quello che viene dall'altra parte. Cerchi sempre di andare sopra il limite di velocità. Negli USA, se c'è lo STOP, ti fermi, completamente. In Italia, al massimo una piccola rallentatina, e via. Negli USA, agli incroci, ci si alterna: prima la macchina da destra, poi da sinistra, poi da destra, poi da sinistra, ecc.

In Italia, appena parte una macchina, quella dietro ci si affila, per cercare di passare l'incrocio insieme a lei, e fregare le macchine che vengono dall'altra strada. Non ci sono regole. Anzi, ci si allea per 'fregare' le regole. Se scopro che posso passare con il rosso ad un particolare incrocio, lo faccio sapere a tutti, così anche altri se ne 'agevolano'. Negli USA, se scoprono una cosa del genere, e soprattutto se vedono qualcuno passare con il rosso, chiamano la polizia.

Negli USA, nessuno parcheggia sui marciapiedi. Ci si sforza di mettere la macchina in modo preciso tra le strisce che delimitano il posto macchina. Si pagano sempre i tachimetri per il parcheggio. Nessuno parcheggia in modo obliquo. Se uno mette la freccia per parcheggiare sul lato della strada, non c'è dietro qualcuno che accellera e gli soffia il posto.

Il comportamento dei pedoni è ancora più diverso. Negli USA, attraversano la strada solo sulle strisce pedonali. Se il semaforo dice ALT in rosso con la figurina rossa del pedone fermo, loro non si muovono. Rimangono immobili. Anche se non passa nessuna macchina. Io, devo ammettere, sono cambiato in molto, ma se non passa nessuno attraverso. E mi guardano male, scoprendo subito che non sono proprio dei loro.

In Italia c'è omertà, negli USA è tutto il contrario. Se qualcuno ha sbagliato, perché non riferire questo alle autorità? In Italia molti si vantano, in pubblico, di non pagare le tasse, fornendo particolari. Si lamentano che le tasse sono troppo alte. Chiaramente le tasse sono alte perché la gente non le paga, così che i pochi che 'debbono' pagarle sono oberati dal fisco. Perché non denunciare quelli che non pagano? Gli onesti pagherebbero meno tasse.

In Italia invece, non c'è colpa più grave che essere 'spioni'. Denunciare i criminali non mi sembra essere spioni. Si fa solo del bene alla comunità, e anche a quell'individuo, che deve imparare a rispettare il prossimo. Perché lo stato siamo noi, e quindi il prossimo. In uno stato così falsamente cattolico come l'Italia, 'non rubare' non viene rispettato.

In Italia non c'è un apparato giudiziaro che garantisca che chi ha commesso un reato paghi per le sue colpe. Ho vissuto l'indulto da 'dentro'. Il problema, nel 2007, era che c'erano in Italia più di 62.000 persone circa in carcere, e posti per solo circa 45.000. Quale la soluzione? In qualunque altro paese si sarebbero costruite altre carceri.

Considerate che 62,000 persone in carcere rappresentano circa lo 0,1% della popolazione italiana, una percentuale bassa. Negli USA, dove si esagera in senso opposto, ci sono più di 2 milioni di carcerati, cioe quasi l'1% della popolazione. Ma l'Italia è un paese speciale, con soluzioni sorprendenti. Mastella propone di lasciare uscire più di 17.000 carcerati, e i capi di partito, per qualche oscuro accordo, si 'allineano'.

Così, in Senato, il giorno prima del voto, alcuni deputati e senatori ammisero direttamente a me, dentro il bar del Senato, che loro erano contro 'l'indulto'. Ma i 'capi' erano stati chiari, tutti dovevano votare a favore. Non ci fu quasi neanche dibattito. Credo che in pochi si vergognarono di fare uscire 17.000 criminali condannati dai giudici. E così rimettere la comunità in pericolo. L'importante era stare agli ordini. E mantenere così il posto. Quando i nostri rappresentanti si comportano così, come meravigliarsi che la mafia, la camorra, la 'ndrangeta la facciano da padrone in Italia?

La mancanza di onestà noi italiani la insegnamo a scuola. Si copiano i compiti a casa. Si copiano i compiti in classe. Alcuni sono dei veri e propri maestri nel campo. Durante l'interrogazione alla lavagna, Letizia leggeva i nostri labiali, i nostri gesti, e riusciva a prendere 6 all'interrogazione di latino senza studiare.

I principi etici del vivere si imparano dai 3-4 ai 10 anni. I primissimi anni della vita. Una volta abituati a vedere che la gente intorno a noi è onesta, sincera, altruista, impegnata nel lavoro, e dedita ad attività che migliorano l'umanità, ci si abitua. Il comportamento delle persone intorno a noi parla molti decibel più forte delle parole dei nostri insegnanti.

In Italia, sin da piccoli, ci abituiamo ad altre regole. Nel posto dove dovremmo essere educati, veniamo diseducati. In Italia copiare a scuola è la regola. Chi frega di più è il migliore. Il secchione è ridicolizzato. E noi lo impariamo sin da piccoli, ce lo stampano nel cervello, ce lo immettono nel DNA. Se sei abituato a imbrogliare ed andare avanti per sotterfugi e falsità sin dalla scuola, la cosidetta 'maestra di vita', questi comportamenti diventeranno per te abitudine. A casa, a scuola, per tutti i circa due miliardi e mezzo di secondi della tua vita.

E anche a casa, l'esempio è quello che più conta. In Italia i miei amici dicevano orgogliosi: "Mio padre non paga le tasse". Ora lo dicono loro, altrettando orgogliosi: "Io non pago le tasse". Come dire, "Siamo una famiglia di geni, astuti, intelligenti." Lo stato bisogna fregarlo e basta. Eppure lo stato siamo noi.

"Io voglio fare ortopedia, ma siccome mio zio è cardiologo, devo fare il cardiologo." Ricordo frasi come queste dette da alcuni miei compagni in Italia. Io non credo che Einstein sarebbe stato necessariamente un bravo medico. O che Totò poteva fare il Direttore di banca. O che Fausto Coppi sarebbe stato lo stesso un buon centravanti.

Alcuni di noi sono bravi con le mani. Altri no. Alcuni sin da piccoli vanno bene in matematica, altri in italiano. Altri in niente, tranne l'ora di ginnastica. Eppure, se hai il padre avvocato, e ti piacerebbe aprire una palestra invece che andargli a tener compagnia 'allo studio', in Italia non hai scampo, andrai allo studio legale.

Il nepotismo impera. I capi distribuiscono posti e favori prima ai loro famigliari di primo grado, poi di secondo, poi ai lontani cugini, infine agli amici di famiglia, ecc. I nostri politici di solito arrivano a dover ricorrere agli amici degli amici degli amici prima di pensare invece di fare un concorso serio e, mamma mia, selezionare il migliore dei candidati.

In Italia tutti gli aspetti della vita sono governati dalle 'conoscenze'. Mia madre va in una sola macelleria a comprare la carne. "Solo Carlo me la dà buona". Cioè, se vai da un altro macellaio te la dà cattiva? Bisogna conoscere il negoziante per assicurarsi di essere trattati bene. A volte le nostre mamme ci accompagnano a fare la spesa, sia in gioielleria che nel negozio di scarpe, per essere sicuri di essere serviti da qualcuno che loro conoscono, e che così non ci dia fregature.

Tutti gli altri, gli sconosciuti, sono inaffidabili. Dei potenziali imbroglioni. Per me le persone sconosciute sono tutte dei potenziali amici, dei componenti della mia famiglia umana. Io una chance la do a tutti. Andare dove conosci anche per la carne mi sembra un eccesso.

Io sono infastidito dalla stupidità. Ma ancor più dalla pigrizia. In Italia tutti vogliono il posto fisso. Lavorare 35 ore alla settimana, massimo. E, durante le ore lavorative, prendere il caffè, leggere il giornale, fare il meno possibile. E andare in pensione il più presto possibile.

E pensare che io 36 ore le lavoro di seguito, in 2 giorni, quando faccio il turno in ospedale. Questi sono i due eccessi. Entrambi sbagliati. Lavorare 36 ore di seguito è disumano, e soprattutto pericoloso. Dopo 16 ore, il tuo funzionamento è uguale ad uno che ha un livello di alcol nel sangue da ubriaco.

In Italia, lavorare per 8 ore di seguito, o per più di 36 ore alla settimana, viene considerato da schiavi. Due estremi, come al solito. Probabilmente la virtù, la ragione, sta nel mezzo. In medio stat virtus.

I tanti problemi americani

"Prima di sparare, pensa!"
Fabrizio Moro

Sono tanti i segni della decadenza americana. Li si vede ad occhio nudo per le strade americane, o guardando la loro televisione. O facendo i conti dei soldi che veramente hanno. O girando il mondo e osservando che non sono più tutti considerati dei fortunati, da invidiare. Anzi.

Gli USA sono una federazione di stati fondati sul dollaro. La moneta verde impera. Una volta sul mondo. Ora solo nel nord America. Tra poco il petrolio e l'oro non verranno più venduti in base al dollaro. La Cina ha quasi più dollari degli USA, visto che gli USA hanno più di 3 trilioni (TRILIONI, cioè migliaia di miliardi) di dollari di debito verso il più grande paese comunista.

Il dollaro non vale più molto. Nelle vacanze di Capodanno del 2007-08, abbiamo fatto un viaggio in Egitto con amici. Il Cairo è una città per la maggior parte poverissima, con delle bidonvilles impressionanti per la sporcizia, la mancanza di 'stato', di organizzazione, di polizia. Dappertutto, dalle piramidi di Giza alle strade del centro, ci sono accattoni. Be', questi astuti accattoni rifiutavano i dollari, e chiedevano l'elemosina in euro!

Ricordate Katrina? New Orleans e tutta la Louisiana e il Mississippi del sud inondati dalle acque dell'uragano e da quelle straripate dalle dighe crollate. Tutto il mondo aiutò gli USA, che in quella circostanza si ritrovarono in mutande, naufraghi. Le infrastrutture negli USA, tipo ponti e strade, sono mal fatte. Ci sono più buche in una strada di Philadelphia che in tutta Pescara.

Henry Ford ha inventato la macchina automobilistica. Ora la General Motors è in bancarotta. La Chrysler se l'è comprata la FIAT! Ma ci pensate? La FIAT che qui negli USA viene bistrattata, chiamata 'Fix It Again Tony', dispregiativo non solo per la FIAT, ma anche un po' per noi italiani, chiamati sempre 'Tony', lì a dover ripetutamente riparare le nostre macchine. Che invece sono in genere meno lussuose e potenti ma più affidabili delle loro. La macchina più venduta negli States è la Toyota.

Il capitalismo alla Reagan ha fallito. Quando non ci sono regole, l'uomo ridiventa bestia e frega il prossimo. Così, anche nella finanza di Wall Street, ci vogliono regole che prevengano eccessi di cupidigia alla Enron o Madoff. Se il comunismo è un eccesso, il capitalismo reaganiano è un eccesso dall'altra parte. Come al solito, *in medio stat virtus*.

Gli americani amano lo 'short gain'. Cioè il premio subito. Comprare case grandi e belle e poco costose. Tutto è fatto per durare massimo 5-10 anni. Anche le case, che dopo 30-40 anni sono inabitabili se non rimesse su con decine di migliaia di dollari. Quando ti rifanno il tetto, ti riassicurano dicendo che sarà solido per 10 anni! E te lo assicurano per 4. Per loro, un'eternità. Così le case hanno bisogno di essere pitturate quasi ogni anno, di rifare il pavimento di legno del balcone ogni 5-10 anni, di cambiare l'impianto di riscaldamento ogni 10 anni, ecc.

Le finestre di casa nostra le abbiamo rifatte 7-9 anni fa, pagandole più di $10,000 l'una. Le migliori in commercio negli USA, le Pella. Alcune hanno già segni di logorio, e presto inizieranno a far entrare acqua. Non c'è ditta che faccia un buon isolamento della casa. Si pagano cifre astronomiche per elettricità, gas. Tutto è fatto per costare poco e durare pochissimo, così dopo poco bisogna ricomprare.

Basta che qualcosa costi poco, gli americani la comprano. Non gli interessa se gli serve. Se gli fa bene. Se costa poco, loro comprano. Le scarpe, a prima vista belle quasi quanto le italiane, sono fatte di cartone, e alla prima pioggia...marciscono. I pantaloni si sfilacciano subito. Alle camicie presto saltano i bottoni. Perché invece di costar $40 ne costano $20, e per stare nei costi, certi particolari vengono omessi.

L'importante è sentirsi felici quando si compra. Avere quei 1-2 minuti di felicità di aver risparmiato. Perché qui quando si spende si risparmia. Ormai la pubblicità incessante ha insegnato a tutti così. Ci credono veramente. Se costava $40 e compri a $20, hai risparmiato $20. Vieni a comprare le nostre merci che risparmi. E loro corrono impazziti.

Lo 'short gain' avviene anche a tavola. Mangiare e sentire le papille gustative felici. Senza curarsi del fatto che poi mangiando ingrassano. Per questo McDonald va ancora benissimo. Un hamburger costa $2-3 dollari. Un'insalata $4. Loro non ci pensano neanche. E comprano l'hamburger. Felici di aver risparmiato, anzi di aver comprato 'di più' con 'di meno', e di aver avuto tante altre cose 'gratis': patatine, ketchup, pickles (temibili fette di cetriolo sottaceto), mostarda, maionese, ecc.

Come sapete anche la gioventù americana è obesa. Per forza. La 'cafeteria' della scuola, elementare, media o superiore, offre lo stesso menù di hamburgers e hot dogs, per risparmiare. Le macchine automatiche di bibite vendono solo bevande gassate della CocaCola o della Pepsi, perché l'acqua costa di più. Alcuni stati hanno dovuto mettere delle leggi per fermare questo scempio del futuro americano, vietando vendite di sodas e di cibi supercalorici. Ma sono ancora la piccola minoranza, purtroppo.

Una pazzia non vedere le conseguenze delle nostre scelte a lungo termine. Pur di comprarsi una casa, si compra la più a buon mercato. Non curanti che entro 2-3 anni ci si dovranno mettere su un altro 100% del prezzo d'acquisto per ripararne il tetto, le finestre, il riscaldamento, ecc. Magari si fa finta di far dieta al lavoro, e poi a casa, davanti alla tele, si mangia un intero contenitore da un chilo di gelato, che costa $3. Senza pensare a domani.

Le carte di credito hanno il 15-20% di interesse. Ogni americano ha più di $5,000 di debiti sulle credit cards. Di media! Compra il televisore a rate, la macchina a rate, le vacanze a rate. Quando non riesce più a pagare, si fa dare una nuova carta di credito, e paga con quella. Fino ad andare in ansia totale quando si accorge che nessuno gli farà più credito. Ma è troppo tardi. E più si affossa, più ditte sanguisughe gli offrono credito, anche a 30 anni.

Così che, se hai un debito di $10.000, che dovresti pagare a $167 al mese per 5 anni, e non ce la fai, troverai sicuramente qualcuno che ti fa pagare 'solo' $100 al mese, ma per 10 anni. Questi strozzini ci guadagnano $2.000 senza fare niente. Incredibile ma vero, ma gli americani amano questo tipo di 'affari'. 'Risparmiando' $67 al mese, potranno portare la famiglia al rodeo la prossima domenica. E la prossima domenica è la cosa più importante. Tra 5 anni, si vedrà.

In compenso, gli americani lavorano come dei matti. La settimana a 35 o 36 ore qui non esiste proprio. Sono almeno 40, più le ore per mangiare, che non vengono incluse nel 'lavorativo'. E spesso devono farsi un'oretta minimo di 'commuting' per arrivare al posto di lavoro dal loro villino squinternato in periferia. Consumando tanta benzina, e divorandosi lo stomaco dall'ansia del traffico.

Le vacanze non le prendono. Lo sapete che ogni anno negli USA ci sono più di un milione di giorni di vacanza che gli americani NON prendono? Cioè hanno giorni di vacanza, pagati al 100%, ma decidono lo stesso di venire al lavoro. Io, da buon italiano, proprio non mi capacito a capire come mai. Probabilmente lo fanno per farsi lodare dal boss, per l'amore della ditta. O spesso perché non possono permettersi una vacanza.

Capisco lavorare sodo. Io lavoro 10 ore almeno 5 giorni alla settimana senza fatica. Ma voglio le vacanze. Qui è normale averne solo 2 all'anno. E molte di queste ore di vacanza, pagate, non vengono neanche prese. Cioè, hai le vacanze, e rimani a lavorare. Io sarò stakanovista e americano per impegno e voglia di lavorare, ma le vacanze le ho sempre prese. Anzi, ne ho 4 settimane all'anno più 2 almeno di congressi, e non mi bastano.

Ricordo quando feci il colloquio per entrare alla fellowship, cioè alla 'super-specializzazione'. Dopo il colloquio col capo e i suoi colleghi, mi incontrai con uno dei fellow, che tra l'altro diventò uno dei miei migliori amici di lavoro negli USA. È a loro che si fanno le domande più 'sensibili', tipo quanto è lo stipendio.

E chiesi a George anche quante settimane di vacanza ci avrebbero dato. Lui disse, testualmente: "Quattro, ma non se le prende nessuno". Ero incredulo. Come? Avrei fatto turni di 36 ore di lavoro di seguito ininterrotto, lavorato anche 80 ore alla settimana, seguito gravidanze complicatissime, avuto emergenze da cardiopalma, e neanche poi mi sarei preso le vacanze? Questi sono gli americani.

In America le vacanze di Pasqua non esistono. Né giovedì santo. Né venerdì santo. Né lunedì – Pasquetta – in gita. Il primo maggio si festeggia a inizio settembre. Halloween si lavora. Thanksgiving è di giovedì, ed è sacrosantemente 'off' dal lavoro; ma il giorno dopo, venerdì, si lavora (e si mangiano panini al tacchino, quello avanzato). I 'ponti' non esistono. Se il giorno festivo è di martedì, il lunedì si lavora.

A Natale è festa solo il 25, e a Capodanno solo il primo di gennaio. Tutti gli altri giorni sono lavorativi. Solo i bambini della scuola hanno due settimane per le feste natalizie. Il 2 giugno si lavora, ma poi viene di 4 luglio, 1776, l'indipendenza. Il 25 aprile non esiste, si lavora. La festa di Martin Luther King a gennaio io lavoro, come molti altri americani. Il President's day, il compleanno di Lincoln il 12 febbraio, io lavoro, come molti altri americani. Queste sono due date festeggiate solo da alcuni, quelli che lavorano per lo stato o la federazione degli USA, i nostri lavoratori statali. Tutti gli altri, la stragrande maggioranza, lavorano.

Loro non hanno Tutti i Santi, o Tutti i morti. Niente Santi. E festeggiano solo i morti in guerra il Memorial Day, l'ultimo lunedì di maggio. Come dire: l'unico modo onorevole di morire è in guerra. L'andare in guerra è visto come una missione dovuta, onorevole. Avere un figlio in Iraq o Afghanistan è un onore, anche a costo, come spesso succede, di perderlo quel figlio.

Gli americani sono senz'altro guerrafondai. Come vi ho già spiegato, si credono superiori a tutti. E sanno di esserlo come esercito, numero di aerei da guerra, missili, bombe atomiche. E fanno gli spavaldi. Si sentono i poliziotti del mondo. Dobbiamo essere tutti come loro. Altrimenti...

L'amore per l'essere armati è forse più esagitato nelle loro case che nei loro arsenali federali. Ogni americano possiede una pistola, o un fucile. Molti, più di una di queste armi. La National Rifle Association, letteralmente l'Associazione Nazionale del Fucile è una delle lobby più forti. Mr. Revolver è nato qui. Mr. Colt pure. Oltre 11.000 morti ammazzati all'anno, più di 11.000 omicidi. In Giappone 60, in Francia, Germania, Regno Unito, meno di 150-200 l'anno.

Nell' High School di Columbine, nel 1999, 8 ragazzi del liceo furono uccisi. Con mitragliatrici da altri ragazzi dello stesso liceo. A pochi chilometri da lì, nello stato del Colorado, c'è la fabbrica di armi più grande del mondo, la Lockheed Martin. Sì, episodi del genere succedono oramai anche da altre parti, ma è quasi lampante che lì la strage fu legata al fatto che le armi erano molto facilmente reperibili. Guardate il film 'Columbine' di Michael Moore.

Quante volte al liceo in Italia assistiamo a ingiustizie, vigliaccherie, anche scazzottate tra ragazzi? Ma in Italia non si litiga sparandosi. Le persone in Italia che so hanno armi in casa le posso contare con le dita di una mano, e sono tutti cacciatori con licenza. Le persone nell'America 'rossa', quelle non delle coste est e ovest, ma quelli del centro rurale, religioso e conservatore, tutti hanno un'arma a casa, e quelli che non ce l'hanno che conosco li posso contare anche con le dita di una sola mano.

Questi americani del Kansas, dell'Idaho, dell'Ohio, del West Virginia, insomma di tutti gli stati che non confinano con un oceano, sono bigotti. Si spacciano per religiosi, e molti vanno in chiesa la domenica, o almeno guardano comodi in tv il loro predicatore evangelico protestante. Condannano la violenza, il porno, e sono per la pena di morte. Niente tette su nessun giornale americano, e su nessuna tv. In Italia chiuderebbero tutti i settimanali e le tv private (e di stato).

Poi questi stessi americani, all'apparenza così religiosi, escono di chiesa. E si mettono a sparare insieme agli amici nei boschi per prepararsi a difendersi. Come fossero in guerra. Ma contro chi? Chi capita. Sotto sotto sono timidi, ma se possono fanno i bulli. Vanno con le prostitute, o almeno nei molti locali dove le possono almeno guardare e toccare. I ragazzi pretendono di fare astinenza sessuale, come gli insegnano i genitori a la scuola, e poi le ragazze rimangono incinta a 13 anni.

La figlia diciasettenne di Sarah Palin, candidata repubblicana alle elezioni presidenziali del 2008, era una delle tante. La mamma, ammirata governatrice dell'Alaska, predica in tv, ai comizi, a casa, l'astinenza dal sesso per gli adolescenti. E il risultato lo abbiamo visto tutti. Migliaia di milioni di dollari sono stati gettati al vento dall'amministrazione Bush per convincere i teen-agers a non far sesso. L'astinenza. Risultato: ancora più sesso, ed ancora più sotterfugi.

Negli USA non si insegna educazione sessuale. Mio padre fece leggere a me e mia sorella, entrambi tredicenni, un bel libro sul sesso, con illustrazioni a colori e tutta l'anatomia che conosce un ginecologo. In America quello che sapevamo io e Anna a 13 anni loro non lo imparano mai. Sono troppo conservatori, e si sono rovinati da soli, rovinando molti adolescenti.

Anche altre regole troppo conservatrici hanno avuto l'effetto contrario a quello sperato. In tutti gli stati dell'unione americana c'è il divieto di bere alcolici al di sotto dei 18-21 anni, a seconda dello stato. Conseguenza: i giovani americani si ubriacano molto più dei giovani italiani. Che abbiamo abituato a bere vino da quando avevano 11 anni. E guardiamo csterrcfatti cosa ci trova un teen-ager americano a vomitare tutta la notte, e a volte a morire addirutura di intossicazione alcolica. Noi preferiamo diventare brilli, e poi cuccarci la ragazza, anch'ella brilla come noi.

Molti europei si meravigliarono quando eleggemmo George W Bush, il figlio di George HW Bush. E caddero dalla sedia quando lo rieleggemmo. Io no (nel senso che non lo votai nessuna delle due volte, ma non mi meravigliai che vinse entrambe). Molti statunitensi rassomigliano tale e quale a George W Bush. Lo hanno eletto presidente a loro somiglianza. Come noi abbiamo Berlusconi, un libertino fregone come molti degli italiani.

Le dogane, per me, non dovrebbero esistere. Invece negli Stati Uniti ti fanno soffrire. Aspettare per ore. E di terroristi lì ne entrano tanti quanti in Italia. Anche solo per la soddisfazione di potersi vantare di esserci riusciti. E invece i poliziotti della Federal Port Authority fermano sempre mia suocera, simpatica, semplice, buona, la persona meno terrorista che possiate immaginare. Non so quante forbicine le abbiano sequestrato in tutti questi anni di dogana.

Alla fine sono diventato cittadino americano, ma che fatica. Per diventare americano, soffri tra uffici e personale scostante e 'superiore' per decenni. Rendono tutto lungo, difficile. A volte impossibile. Poi un giorno passi il test in cui sai che il primo presidente degli Stati Uniti è stato Washington, e tutto cambia.

D'incanto, alla cerimonia ufficiale in cui diventi americano, tutti quegli impiegati dell'ufficio immigrazione che ti avevano trattato come un verme ti salutano. Ti stringono la mano. Ti guardano negli occhi come fossi un loro amico, quasi ti fanno anche l'occhiolino. Ti dici: "Sei diventato uno di loro." O: "Sei diventato uno di loro?"

Con la mano sul petto, ascolti l'inno americano, sentito mille volte, visto che qui lo suonano sempre. Guardi e giuri alla loro bandiera a stelle e strisce. E il testo che pronunci, tutti insieme, dice di rinnegare la tua bandiera di origine. Sbagliato. Io ho fatto finta, ma la mia patria Italia non l'ho rinnegata, e mai la rinnegherò. Si può essere americani e italiani.

Gli americani sbagliano a volerti far ripudiare la tua terra di origine. Ti ci attacchi ancora di più se te la vogliono togliere. Non dovrebbero far chiudere la porta alla patria di origine agli emigrati che vengono naturalizzati, cioè che diventano cittadini americani. L'America è fatta di immigrati, ed è questa la sua forza. Aveva ragione Ron Wapner, il mio grande mentore professionale. All'inizio della mia carriera io volevo fare solo l'americano.

Io invece dovevo occuparmi anche dell'Italia, dell'Europa. E sfruttare questa unicità. Da allora, ho cercato di avvicinare gli USA all'Europa, e viceversa. Divulgando gli approcci diagnostici o terapeutici migliori da un lato dell'Atlantico dall'altro lato.

Gli statunitensi stanno diventando sempre più come la Roma antica, in declino, del terzo e quarto secolo dopo Cristo: si piacciono troppo, sono un'isola senza interesse per quello che succede fuori. Io dico sempre di vivere in un'isola al di fuori del mondo. Moltissimi americani non hanno alcun interesse a cosa succede fuori dagli USA. Si credono troppo superiori.

Anche in medicina, il che è grave. Se c'è un ottimo studio fatto in Europa, o in qualsiasi altra parte del mondo, spesso lo pubblicano negli USA, dove ci sono ancora tra le migliori riviste mediche. Ma gli 'esperti' del campo americani aspetteranno ad 'usare' clinicamente quel nuovo procedimento o medicina o approccio chirurgico fino a che i dati non vengano confermati negli USA.

Ne ho avuto a che fare anche personalmente. Uno studio americano ha dimostrato che il progesterone può diminuire l'incidenza di parto pretermine in donne che hanno già avuto in precedenza questa complicanza. Per approvare questo progesterone, l'FDA richiede un altro studio. Nel frattempo, l'American College di Ostetricia e Ginecologia ha raccomandato a tutti gli ostetrici di usare questo progesterone in queste circostanze, visto che studi precedenti, alcuni di più di 20 anni fa, avevano portato agli stessi risultati.

Mi hanno contattato per dirigere questo nuovo studio, come esperto sul parto pretermine e su studi multicentrici randomizzati. A questo punto però, molti centri hanno detto che non potevano partecipare perché loro il progesterone lo raccomandavano. Non potevano partecipare ad uno studio in cui la paziente aveva un 50% di possibilità di ricevere il progesterone e un 50% di possibilità di ricevere il placebo. Il comitato etico dell'ospedale non glielo avrebbe permesso.

Abbiamo informato l'FDA di questo problema. Loro sono stati irremovibili. L'unica alternativa per noi era usare centri stranieri. Ho contatti in Canada, nel Regno Unito, Germania, Francia, Italia, Australia, ecc., e tutti erano entusiasti di partecipare. Loro infatti non credevano allo studio americano, e non avrebbero avuto problemi a partecipare. Il progesterone non si usa per questa indicazione in questi paesi.

Dopo mesi di proposte e controproposte, l'FDA ci ha detto che avrebbe accettato solo dati americani, 'Made in USA'. Abbiamo mandato le lettere dei comitati etici degli ospedali. Lettere e documenti ufficiali dell'American College. L'FDA non ha battuto un ciglio. Quindi lo studio per ora non lo possiamo fare, e la scienza non progredisce.

La FDA, la Food and Drug Administration, che approva i medicinali negli USA, funziona così. Se i dati non sono americani, loro ci credono poco. E così, piano piano, stanno rimanendo indietro. In un mondo globalizzato dove ci sono picchi di qualità in tutti i campi un po' in tutti i continenti.

Quante terapie sono completamente diverse in Europa e negli USA. Non ne avete idea. Per fermare il travaglio di parto pretermine, qui si usa la nifedipina (calcio-bloccante), in Europa l'atosiban (inibitore del recettore dell'ossitocina). La Novalgina (metamizolo) a gocce, che in Italia si usa a casa per qualunque malanno, negli USA non esiste in quanto illegale dal 1977. E potrei andare avanti all'infinito.

Ma una delle differenze più marcate tra USA e Italia è la scuola. Negli USA esistono moltissime scuole pubbliche. Ma parecchie non sono adeguate, e, chi può, manda i figli a scuola privata. Soprattutto nelle grandi metropoli di New York, Chicago, Los Angeles, Philadelphia, Boston, Washington.

Questo è un enorme problema dell'America. Tanti ragazzi non hanno un'educazione adeguata perché le scuole pubbliche sono scadenti. Non studiano la storia del mondo, solo l'americana. Non studiano per niente la geografia. Tranne il nome dei loro 50 stati. La scuola diventa buona solo dopo i 18 anni, al college, o alla 'graduate school' (l'università dopo il college). Dove i picchi di sapere e di studio sono eccelsi, spesso tra i migliori al mondo. Ma, per molti ragazzi e ragazze americani, spesso è troppo tardi. Non ci arriveranno mai.

In Italia è impossibile licenziare qualcuno. Per me è intollerabile dover continuare a pagare chi non ha voglia di fare, e quel poco che fa lo fa male, quando ci sono tante persone bisognose e volenterose che possono fare quel lavoro molto meglio.

Ma negli USA è vero il contrario. La freddezza nei licenziamenti è semplicemente crudele. Nel 2002, Jefferson licenziò il mio amministratore in 30 minuti. Vennero a prenderlo delle guardie. Gli dissero di andarsene. Non poté neanche portarsi via le sue carte.

Non aveva fatto niente di male. Il dipartimento era in perdita sotto lui e il capo precedente a me; questo l'unico 'reato'. L'università non aveva più bisogno di lui. Aveva 61 anni. Gli diedero 2 settimane di paga, poi basta. Così non si fa, è capitalismo eccessivo. Questa crudeltà è disumana. Almeno un preavviso.

Come risolvere questi problemi? Obama sembra averlo capito, finalmente, ma è difficile che un solo uomo possa cambiare una nazione. L'America già lavora molto. È onesta. Meritocratica. Deve aggiungere più cultura. Le scuole devono migliorare, sin dalle elementari. E devono attirare i migliori studenti da tutto il mondo. E dare supporto sanitario a tutti, trattandoli come esseri umani, con misericordia ed altruismo. Cose che dovrebbero fare tutte le nazioni.

Le particolarità 'Made in USA'

"Rancore per nessuno: carità per tutti"
Abramo Lincoln

Gli americani passano senz'altro troppo tempo di fronte alla tv. I ragazzi delle elementari ci passano circa 4 ore al giorno. Gli adulti, anche 6, se ci riescono. Tornano a casa alle 17:30, e la tengono accesa fino alle 23. Poi un'altra mezz'oretta la mattina. Le infermiere dell'ospedale conoscono tutti gli show serali, che io ignoro completamente, anche nel titolo.

Poi ci sono anche delle cose che sono un po' positive, un po' negative. Ammiro come gli americani sappiano usare il computer a loro favore. Hanno tutti un loro website. Ma passare tutte le serate di fronte al computer, con un occhio alla televisione, ed ore 'on-line', è snervante e disumano. Uscite e godetevi la natura stupenda che avete.

È un peccato che queste abitudini stiano contaminando anche l'Italia, da sempre filoamericana. Dobbiamo importare i tanti buoni esempi dagli USA, ma resistere a queste tentazioni nocive.

Come sapete, al poco esercizio gli americani aggiungono un mangiare pieno di calorie e di poco gusto. Meno male che hanno importato anche i menu. E spesso inventano. Mangiano italiano, ma questo vuol dire 'Spaghetti meatballs', cioè spaghetti con le polpette al sugo sopra, mai viste in Italia. Il 'General Chao's chicken', il più famoso piatto di cibo cinese, è sconosciuto in Cina. La 'Greek salad' è sconosciuta in Grecia.

Qui, soprattutto nelle grandi metropoli, scoprirete i migliori ristoranti di cibo straniero. La migliore pasta con le sarde l'ho mangiata a New York. La migliore **entrecôte** a Philadelphia. La migliore seadas sarda a Dallas, fatta da un sardo. È la bellezza di vivere in un ambiente pieno di stranieri, che diffondono le loro capacità in questo immenso calderone di mondo che sono gli Stati Uniti d'America.

Gli americani e la pioggia: ci camminano sotto senza problemi. Se li incontri per strada, non stanno neanche correndo. Anzi, si fermano a parlare con te, come se facessero 20 gradi e splendesse il sole. E pensare che mia moglie Paola si porta l'ombrello anche se cade una sola goccia al minuto, e lo apre e ci si mette sotto come se dovesse proteggersi dalla lava del Vesuvio! Li invidio gli americani quando camminano calmi sotto la pioggia. Hanno molta più libertà di fare.

Chi l'ha detto che non si può uscire se si ha la febbre? I bambini sin da piccoli li fanno uscire anche quando fuori fa meno 20 gradi Fahrenheit, cioè meno 29 gradi Celsius. E se ci sono solo pochi gradi sotto il nostro zero Celsius, possono uscire anche solo con la T-shirt. Gli adulti come gli infanti. Vecchio sangue anglosassone, fanno così anche in Irlanda.

Il vestire americano è per noi inconcepibile. Il primo semestre del college dividevo una camera di circa 10 metri quadrati con Jim, un vero americano. Il suo closet era una catasta di un metro e 30 centimetri circa di roba. Tutto mischiato: mutande, t-shirts, scarpe, calze, attrezzatura da Lacrosse.

Per vestirsi, metteva la mano (a caso?) nel mucchio, e tirava fuori qualcosa da mettersi. Chiaramente niente era stirato. Anzi, figurati che pieghe in quei vestiti accatastati alla rinfusa, uno sopra all'altro. A volte non trovava la scarpa appaiata all'altra, e se le metteva diverse. Tanto erano tutte scarpe da jogging, non aveva altro. Il problema era solo se erano per lo stesso piede.

Non esisteva abbinamento di colori. Il viola col giallo, l'arancione con il rosa, non ci faceva alcun caso. Insomma era pulito, si faceva la doccia ogni mattina come tutti gli americani, ma al tempo stesso trasandatissimo. Dormiva spesso con la ragazza. Anch'essa figlia dei fiori, uscita da Woodstock. Si scambiavano le magliette 'dyed' di mille colori da hippie.

Così si vestono gli americani. Il vestito qui non fa il monaco. Certo non fuori dal lavoro. Il weekend anche l'avvocato, il medico, insomma il professionista in genere si mettere T-shirt, pantaloncini, e scarpe da tennis. Sono rilassati, senza pretese.

Io in questo li invidio, e li copio. Non doverti preoccupare che gli altri pensano male se non hai la camicia ma invece ti sei messo una T-shirt ti libera. Ti fa respirare meglio. Ti fa concentrare su altre cose, più importanti. A me piace moltissimo vestirmi bene, elegante, cravatta, gemelli, scarpe italiane.

Ma non esageriamo. Ricordo delle vacanze di Natale degli anni '90. Tornai in Italia e andai a Piazza Salotto. La piazza al centro di Pescara, dove ci sono gli amici e si fa lo struscio. Io ero tutto pimpante, felice di rivederli. Tra abbracci, risate, e racconti, e quelche pettegolezzo, ebbi anche una sensazione strana.

Avevano tutti lo stesso tipo di cappotto. Quell'anno evidentemente il cappotto andava sul marrone chiaro, con la cinta, il bavero alzato, lungo, fino sotto le ginocchia. Io portavo quello del liceo, grigio a coste come piaceva a mamma. In Italia se non hai il cappotto nuovo ti guardano male. Siamo un po' schiavi della moda, almeno alcuni.

Negli USA la mancanza di storia fa sì che non siano legati al passato, alle macerie di Roma o ai fasti di Napoleone, e si concentrino sul futuro anziché sul passato. C'e più spazio in America per costruire del nuovo.

In Italia la nostra fortuna è il nostro grande passato. Il Colosseo, Venezia, il Duomo di Firenze. Ma dove c'è questo patrimonio, non si può costruire. Non ci sono grandi spazi dove porter inventare qualcosa di nuovo. Quindi il nostro grande passato è anche un peso, un limite al nostro futuro. Facciamo bene a conservare il nostro passato, e a puntare sul turismo, è quella la nostra forza.

Un'altra grande diversità tra USA e Italia sono le donazioni. L'America vive di beneficenza. Musei, ospedali, fondazioni per i poveri, per i più bisognosi, prosperano con i milioni e milioni di dollari che i più ricchi d'America donano ogni anno. E anche quelli meno ricchi. Più del 50% degli ex-alunni di qualsiasi college donano ogni anno dei soldi all'università. $50, $100, o $1.000 o più, ma donano sempre. Lo sentono come un dovere. Ringraziano chi gli ha dato un'educazione, e quindi un mestiere, e quindi da vivere.

Bill Gates ha già donato più di 30 miliardi di dollari in beneficienza. La sua fondazione aiuta i più bisognosi nel mondo, in Africa soprattutto. AIDS, malaria, vaccini, e molti altri aspetti della medicina sono aiutati da questa fondazione, che ha più soldi di molte nazioni africane. Bill e Melinda Gates lasceranno ai loro 3 figli 'solo' meno di 10 milioni dollari a testa. Cioè meno dello 0.01% di una fortuna che nel 1999 ammontava a 101 miliardi di dollari.

Ve lo immaginate Berlusconi che lascia ai 5 figli solo lo 0.01% del suo capitale? Quale sua fondazione dona soldi, parecchi soldi per i poveri, i bisognosi? E non ce l'ho affato con Berlusconi. E non sono un patito di Bill Gates (anche se ammetto di ammirarlo molto). È che la filantropia in America è normale. Fa parte del loro DNA. Noi, nazione quasi tutta cattolica, dove dovremmo essere altruisti e samaritani, i soldi ce li teniamo in tasca. E poi li passiamo tutti ai figli. Perché non donare il superfluo? Che potrebbe solo viziare i figli, e invece salvare e migliorare tante vite?

Perché vi scrivo

"Esiste un solo viaggio: andare dentro sé stessi"
Rainer Maria Rilke

Scrivo per capire bene quello che penso. Anzi, per capire bene come la penso. Fino a quando non butti giù un'esperienza su un foglio, fino a quando non trovi le parole giuste per descriverla, non riesci a comprenderla bene, fino in profondità. Poi, quando metto insieme su un foglio le varie esperienze, incomincio a vedere il quadro della mia vita, come mai la mia vita ha avuto un certo svolgimento. Quali sono stati i momenti in cui il mio destino è cambiato. Quali quelli in cui mi sono divertito. Ho amato veramente. Quando avrei potuto far meglio. Senza rimpianti, ma finalmente capendo il significato della propria esistenza.

Come un quilt che hai tessuto per tanti e tanti giorni, che ora dopo decenni vedi formato, bellissimo. Come un contadino che ha seminato, e ora va in magazzino a godersi il raccolto, il frutto del suo sudore. Il bello è che il sudore non gli è costato. E, se ci sono stati dei momenti di impegno, vengono ripagati vedendo quanto questo seminare abbia fruttato.

Non si pensa al conto in banca, o al numero delle case, degli appartamenti che si ha. Si pensa al lascito di esperienze che si è lasciata agli altri. All'aver amato una persona in particolare, la propria consorte, con cui, in effetti, si è condivisa la sorte, il quotidiano, tutto. All'aver cresciuto i figli. All'aver amato, e rispettato i propri genitori. Ai fratelli carissimi, con cui si è cresciuti sereni. Agli amici più stretti, quelli che sono come amanti, come lovers, a cui abbiamo fatto da spalla e sulle cui spalle ci siamo spesso appoggiati. Quindi non il segno del $, ma il valore della famiglia e dell'amicizia.

Il successo non si misura in quanti libri uno vende, o in quanti tu riesca a regalarne, forzando gli altri a leggerli. Io lo misuro nel delizioso piacere interno che provo a produrre una cosa che mi piace. Un qualcosa che mi emoziona, che mi fa sognare, e spero dia le stesse vibrazioni cardiache e mentali anche ad altri.

Nello scrivere, basta iniziare. Scrivere qualche riga in un posto quieto, al sicuro. Devi essere solo con te stesso. Dirti la verità. Senza che nessuno ti interrompa. Magicamente, tutta la scena, fissa lì nella nostra memoria, ci riappare, e dobbiamo solamente descriverla. E nel descriverla non dobbiamo parlare solo dei colori, dei vestiti dei protagonisti, delle parole dette. Ma delle nostre sensazioni quando questi fatti sono avvenuti, e soprattutto le nostre sensazioni ora che le riviviamo, commentandole.

È come prepararsi ad andare al confessionale. A noi italiani dovrebbe venire facile. E invece... Ti devi esaminare la coscienza. Tutto questo richiede onestà. Soprattutto verso sé stessi. Se non si è onesti, non si può scrivere veramente. Non si 'partorisce', ma si adotta qualcos'altro, magari le idee o i modi di fare di altri, non i propri. A volte questo può essere meraviglioso, ma non aiuta a scoprirsi.

Sono un libro aperto. Non bisogna aver paura di dire quello che si pensa. È vero che gli alberi più alti sono i più esposti al vento. Lo so, oramai ci sono abituato. Dire la propria opinione ti espone alla critica. E mai tutti saranno d'accordo con te. Quindi siamo coraggiosi. Diciamo tutti quello che pensiamo.

Posso esserlo perché sento di essere stato onesto nella vita. Di fronte al bene e di fronte al male. Quando papà dice che Berlusconi è comprensibile, perché in fondo "chi è che non ha mai imbrogliato nella vita", io mi sento di dire "Io". Certo, di fronte a Gesù, non 'scaglierei la prima pietra'. Ma i dieci comandamenti li ho rispettati.

I 10 comandamenti:

> 1. *Io sono il Signore, tuo Dio. Non avere altri dèi di fronte a me. Non ti farai idolo né immagine. Non ti prostrerai davanti a quelle cose.*
> 2. *Non pronunciare invano il nome del Signore tuo Dio.*
> 3. *Osserva il giorno di sabato per santificarlo.*

*4. Onora tuo padre e tua madre.
5. Non uccidere.
6. Non commettere adulterio.
7. Non rubare.
8. Non pronunciare falsa testimonianza contro il tuo prossimo.
9. Non desiderare la moglie del tuo prossimo.
10. Non desiderare la casa del tuo prossimo, né alcuna delle cose che sono del tuo prossimo.*

Questo è il decalogo secondo la Chiesa Cristiana Cattolica. In realtà le ingiunzioni sono più di dieci e il testo è presente in due versioni leggermente diverse in due diversi libri della Bibbia (Esodo e Deuteronomio). Questo ha portato ad una certa varietà nelle loro suddivisioni.

Sebbene l'originale ebraico sia alla base dei Comandamenti per le 3 grandi religioni monoteiste (Ebraica, Cristiana, Islam), ogni religione li ha diversamente interpretati, con differenze anche all'interno di ciascuna religione. Come vedete, hanno ragione gli ebrei che si riposano il sabato, e non noi che facciamo festa la domenica (e anche il sabato).

Qualunque sia la tua religione, o anche se sei ateo, certi valori sono universali. Gli egiziani avevano scritto questi comandamenti (loro ne avevano più di 20, e includevano già i nostri 10) 2.000 anni prima di Gesù. Le regole di vita da seguire sono ben stabilite da millenni, e più o meno uguali da almeno 4.000 anni.

Rispetto a queste massime di vita, è importante sentire di avere la coscienza a posto. Le tasse le ho sempre pagate. Ho ottenuto posti di lavoro e promozioni grazie al mio impegno, non a raccomandazioni. E chi può dir questo in Italia? Ho assunto persone, e ne ho assunte tante, grazie al loro valore, non a chi le conosceva.

Non si può scrivere avendo paura di chi legge. Non ci si può preoccupare di amici e famiglia che leggeranno. Anche se la verità fa male, bisogna dirla, senza aver paura di chi ti legge. Di chi ti è dietro le spalle. Bisogna disfarsi di queste inibizioni. Rispettare il prossimo. Ma dire anche la verità. Che per me di solito è positiva.

La verità l'ho sempre immaginata come una palla tonda. Che si può guardare da diverse posizioni, e a volte può sembrare diversa. Quindi sono cosciente che la mia verità possa essere diversa dalla vostra. Scrivetemi, e correggetemi. Ma non pretendiate che io vi legga il pensiero.

Spero comprendiate che è molto più facile distruggere che fare. E io mi sono sforzato di fare, di costruire. Sapendo che la costruzione può essere di molto migliorata. Io sono stufo di gente che vuole solo criticare. E che non costruisce. Il mio amico senatore italiano Ignazio Marino mi parla di parlamentari che vivono per sentire la propria voce. Per disfare. Per farsi vedere. Per andare a feste. Senza la benché minima voglia di migliorare qualcosa. Di prendere l'iniziativa con un'idea propria, un proprio progetto.

C'è un'altra grande gioia nello scrivere. Il condividere emozioni. Ci si rende conto che certe emozioni sono condivise anche da altri. Che certi pareri sono condivisibili. Che certi punti di vista non ci rendono degli eremiti, soli nel nostro cantuccio di opinionisti di noi stessi. Ma che questi possono essere accettati da altri. Possono essere 'sentiti' da cari come anche da persone sconosciute.

E così ci si rende conto di quanto è piccolo il mondo. Del fatto che l'unica differenza tra un perfetto sconosciuto e un amico è il fatto che non avevamo mai scambiato dei nostri pensieri con lo sconosciuto. A volte dei perfetti sconosciuti riescono a comprenderci meglio del nostro padrino, o di qualche famigliare, o del compagno di scuola.

È per questo che mi sento non solo di poter, ma di dover aprire le porte del mio animo al prossimo. Conosco molte persone che vedono il terrorista, il male, in tutti quelli che incontrano. Non si fidano. Chiudono la porta di casa con tre chiavistelli. Non prestano mai niente a nessuno.

Io le cose le 'sento' in modo differente. Mi sforzo sempre di vedere il meglio negli altri. Penso che gli altri hanno quasi sempre qualcosa da darmi, qualcosa di interessante da scoprire. Sono una miniera enorme. E poi, se veramente parli a fondo, di cose serie con un'altra persona, spesso trovi grandi affinità.

Dalle cose un po' più frivole, come films e viaggi, alle opinioni su fatti di cronaca, o di politica. Fino a questioni morali, etiche, quelle più profonde. Dove puoi essere in disaccordo, ma capire un lato del problema che prima non avevi ben compreso, o ti era proprio sconosciuto.

Mi ritengo un buon ascoltatore. Ancora una volta, un aspetto del mio carattere che ritengo 'opportunistico'. Mi spiego. Quando uno parla, in fondo insegna, dà il proprio pensiero all'altro. Io spesso non sono sicuro di quello che veramente penso, e soprattutto in cosa veramente credo. Su molte questioni, sono cosciente che ci siano molti lati della medaglia, non solo uno o due.

E quindi, non amo 'legiferare'. Sono convinto che parlare tanto per sentire la propria voce non sia una mossa intelligente. Anzi. Stando zitti, spesso gli altri ti prendono per molto intelligente. E mi piace stare a sentire i pareri degli altri. Sentire quello che pensano. Studiarli, solo nella mia testa. Pensando: "Qui sono d'accordo, qui no." Oppure: "Incredibile che ci siano persone che la pensano così."

Non credo molti possano accusarmi di inculcargli il mio pensiero. Di solito lo esterno, perché anch'io voglio 'dare' al prossimo. Poi sta a loro decidere. Non voglio convincerli a forza. Voglio solo far conoscere. E cerco quanto più possibile di dare esempi scientifici, citando dati, al mio dire.

Aver studiato medicina, una materia scientifica, e avendo tanto scritto in materia, mi fa pensare e scrivere in questi termini. Uno + uno = due. Così quando devo farmi un'opinione di una cosa importante, cerco di studiarne la storia, i dati. E non solo di far passare aria tra le corde vocali, così, tanto per tenerle in uso.

In fondo il mio reportage è uno studio osservazionale, come si direbbe in gergo scientifico. I controlli storici sono i miei primi anni in Italia (20), confrontati con i miei ultimi 25 negli USA. Non è uno studio randomizzato, quindi di primo livello, privo di bias. Non potrò mai vivere due vite e poi confrontarle.

C'è felicità nel lavoro negli USA. Farti piacere quello che fai è la chiave della felicità. In effetti succede sia in Italia che negli USA. Negli USA è più fatalistico l'approccio. Io faccio la segretaria, e cerco di farmelo piacere, anche se sono 'sottoposta' ad un altro.

In Italia invece c'è ribellione al proprio destino. A parole, non a fatti. Non si fa niente per cambiare il proprio destino. In America si va a scuola sino a quando si è vecchi, se si ha la possibilità di migliorare il proprio lavoro e quindi il proprio grado sociale.

Anche ad Andrea e Pietro, i miei figli, dico sempre che devono tracciare il proprio destino a seconda di quello che gli piace. Quante volte, quando ero adolescente in Italia, ho sentito: "Farò l'avvocato come mio padre"; o "Mi piacerebbe fare il chirurgo, ma mio zio è dentista, quindi farò il dentista, ho il posto assicurato"; o "Mi piacerebbe fare il dermatologo, ma mio cugino è anestesista, solo lui mi può aiutare ad entrare in specializzazione, così farò l'anestesista".

Iniziare la carriera così ti crea già un handicap. Sin da piccoli in Italia rinunciamo ai nostri sogni. Sei tu a definire cosa rappresenta 'aver successo' per te stesso. Non devono essere gli altri. I sogni bisogna inseguirli. Se poi le avversità non ce li fanno conseguire, pace.

Ma almeno uno ci deve provare, e soprattutto ne deve avere la possibilità. La possibilità di misurarsi alla pari con il prossimo. Negli USA io l'ho provato. Mai ho percepito che uno abbia preso il posto a cui agognavo perché raccomandato. E non ho in genere avuto a che fare con raccomandati.

Vivere per lunghi periodi in due continenti differenti mi ha fatto capire una cosa essenziale. Il proprio background è importante, ma altre cose nelle vita lo sono ancora di più.

Una volta, uno dei miei primi anni in America, incontrai a casa di amici una coppia molto interessante. Ebbi con loro una di quelle conversazioni che non ti aspetti tra sconosciuti. Ma forse proprio tra sconosciuti è più facile dire la verità, aprirsi il cuore senza vergogna, senza secondi fini, senza paura di essere giudicati.

Mi raccontarono in una mezz'oretta tutta la loro vita. Cosa che magari non fai neanche con il tuo migliore amico. E spesso neanche con i tuoi genitori o i tuoi fratelli. Impauriti di essere fraintesi, di essere visti in modo differente se qualche segreto viene svelato, se si confida una qualche debolezza, un difetto, un rimpianto.

Entrambi avevano passato la sessantina. Avevano 3 figli, e parlando con loro, capii che i figli stavano bene, erano in gamba, e che sicuramente molto era dovuto a quei due genitori, posati, intelligenti, con la testa sulle spalle.

Lui era tedesco, lei tailandese. Erano sposati da più di 30 anni, felicemente. A quei tempi ero scapolo. Cerco sempre di imparare dagli altri, di sapere quello che sanno che io non so. Soprattutto sui segreti della felicità, del matrimonio, e come evitare le difficoltà o l'infelicità.

Gli chiesi se essere una coppia mista, con background così diversi, non fosse stato per loro un po' un problema. In fondo parlavano lingue madri diverse, ed erano cresciuti con culture, cibi, religioni diverse. Immaginavo che dovevano essere maghi del compromesso, e comprensivi verso le mille occasioni di una giornata dove sarebbero portati magari a fare o almeno pensare in modo differente.

Mi risposero: "Sì, in effetti per rimanere insieme abbiamo avuto bisogno di più amore di altre coppie. Insomma ci siamo dovuti amare di più." Lo dissero con serenità. Non mi aspettavo questa loro risposta, così franca. Pensai che dovevano essere arrivati a quella conclusione dopo tanti piccoli episodi, dopo tanti anni di riflessione.

E pensai anche che erano arrivati a quel traguardo, essere una coppia di successo (almeno per me, felicemente insieme con figli in gamba), dopo decenni di quotidiano impegno. Facendo sì che l'intelligenza, la saggezza, la pazienza, vincessero l'istinto inevitabile a lasciarsi quando non si va d'accordo su qualcosa.

È qui che si distinguono le coppie che stanno bene insieme per 50 anni, e quelle che non ci riescono. L'intelligenza, da parte di tutti e due partner, di capire che siamo tutti differenti, e che bisogna venirsi incontro. Che in una coppia bisogna comunicare, come prima cosa, il più possibile.

Questi due di fronte a me, chiaramente avevano parlato di questi argomenti centinaia di volte, li avevano sviscerati, si erano confrontati. Senz'altro avevano litigato. E senz'altro c'era qualcosa dell'altro che ancora non sopportavano, anche dopo tanti anni insieme. Ma si erano capiti.

Quand'è che non ci si ama più? Quando non ci si stima più. Quando si è persa la voglia di comunicare, perché si sa che dall'altra parte non c'è ricezione. Che anche parlare per giorni dello stesso problema non risolverebbe niente. O perché ci si è incaponiti sulla propria posizione. O perché manca l'intelligenza di vedere le cose sotto un'ottica diversa. Manca la voglia o l'intelligenza di vedere l'altra parte della medaglia.

Quindi quella sera questi due sconosciuti mi raccontarono la loro vita. Non solo i fatti, ma soprattutto come avevano vissuto 'dentro' la loro vita, i loro 'fatti'. Non li avevo mai visti prima. Non li ho mai rincontrati. Ma li ricordo bene, e hanno segnato un po' la mia vita. Sii d'aiuto al prossimo, dividendo con loro quello che di più profondo e intimo la vita ti ha insegnato.

Il proprio background può un po' cambiare nella vita. Tiziano Terzani è diventato un po' asiatico, pur essendo un purosangue toscano. Una mia collega, originaria di Omaha, in Nebraska, l'America più America, ha sposato un greco, e vivono negli USA. Bionda, occhi azzurri, americanissima, si è convertita alla religione greco-ortodossa, e ammette che oramai ne osserva le pratiche molto più lei che il marito.

    Io sono per eredità italiano, per residenza americano, ma soprattutto sono un essere umano. Non sopporto le bandiere nazionali se ci dividono. Io rendo onore all'umanità, e a dei principi di vita che devono essere simili su tutto questo nostro meraviglioso e piccolo mondo.

The best of both world
(Il meglio di entrambi i mondi)

"È il dove andiamo, e quello che facciamo una volta arrivatici, che ci rivela chi siamo veramente"
                                        Joyce Carol Oates

Nel 2005, partecipai a una riunione scientifica del NIH, il National Institute of Health, cioè l'Istituto Nazionale per la Salute. È l'istituto USA più importante per la ricerca. Ci fu un ricevimento a casa di Cathy Spong, il capo della branca che riguarda la gravidanza e il neonato. Durante il buffet, feci una di quelle conversazioni con estranei che non scordi più per tutta la vita.

Parlai a lungo con il capo degli ostetrici-ginecologi del Canada, un signore alto, distinto, ben vestito, con i capelli bianchi, con un velato accento da intellettuale. Dopo aver parlato a lungo dell'ostetricia del Canada, scopro che è scozzese. Sono più di 30 anni che si è trasferito in Canada, dove chiaramente ha avuto grande successo.

Per capire cosa c'è nel futuro nella nostra vita, è importante chiedere a chi nel nostro futuro c'è già stato. Per vedere cosa c'è davanti sulla nostra strada, cosa di meglio che chiedere a chi la strada l'ha già percorsa? Il professore canadese aveva la faccia da saggio, circa 70 anni, parlava pacato.

Mi disse che, quando uno prende una decisione, deve anche essere pronto ad accettarne serenamente le conseguenze. Quindi aveva imparato a non farsi mancare l'amata Scozia, pensando molto concretamente ai molti vantaggi che la scelta di vivere e lavorare in Canada gli aveva fruttato. Un ragionamento semplice. Coerente.

Non si può avere tutto dalla vita. Mia moglie, che i proverbi li sa tutti, direbbe che è come volere 'la botte piena e la moglie ubriaca.' Bisogna essere consapevoli delle proprie scelte. E non desiderare sempre l'erba del vicino. Scegliersi l'erba, ed essere coscienti che non si possono avere tutti i prati del mondo.

Me lo hanno detto in tanti che sono un privilegiato. Lavoro in America, e vado in vacanza in Italia, il paese dei vacanzieri e dov'è più bello non lavorare. Gli americani mi hanno sempre invidiato, perché per loro il massimo della vacanza è andare in Italia. Gli italiani si sorprendono a capire come ho fatto a fare il 'salto' e venire a lavorare qui, dove il lavoro è apprezzato e meritocratico. Dove ho di gran lunga sorpassato le mie più rosee aspettative. Dove ho realizzato i miei sogni.

Sarebbe bello che le virtù di entrambi i lati dell'Atlantico si spandessero sull'altra sponda dove mancano. In fondo è riuscito ai pomodori (dall'America all'Europa), ai cavalli (dall'Europa all'America), e in tanti altri casi. I pomodori ora li usiamo più noi degli americani, su pizza e pasta. I cavalli si trovano molto meglio nel Far West.

Io spero che piano piano, col tempo, l'Italia impari ad apprezzare di più la meritocrazia, l'onestà, e il concetto che le leggi vanno rispettate. Che noi italiani impariamo ad essere più civili. Nel senso etimologico del termine. Civitas, città. All'incrocio, al semaforo, ci si ferma. Il pedone che passa sulle strisce si rispetta. Le tasse le paghiamo tutti e in totale del dovuto. Così che le paghiamo tutti un po' di meno.

In Italia abbiamo tante cose che il mondo, inclusa l'America, ci invidia. La forza dell'Italia sono la famiglia, l'intelligenza, il genio creativo. Sarà il sole. Ci rende svelti. Ma rende anche pigri e fa venire voglia di uscire fuori a divertirsi invece che a lavorare.

Gli eccessi americani, come quelli italiani, vanno tutti evitati. Spero l'America impari a dare assicurazione sulla salute per tutti, e si prenda le vacanze. Che passi meno tempo di fronte al computer, alla tv. Che bruci tutte le sue armi, sia a casa che nelle caserme.

La forza degli Stati Uniti d'America è il sorriso sulla faccia degli americani. Sono amiconi, abbastanza sicuri di sé stessi, ottimisti, e non invidiosi. La cooperazione, la collaborazione tra le persone – il 'team-work' – sono da copiare. L'Italia dovrebbe importare la competitività sana e senza imbrogli.

Chi perde in America lo fa con onore, perché sa che la partita è stata leale. Trova un'altra strada dopo essersi prima congratulato con il vincitore.

Io e Paola cerchiamo di crescere i nostri figli italiani e americani. Cerchiamo di fargli notare le cose positive e negative dell'Italia, e quelle positive e negative dell'America. Come ho fatto con voi in questo libro. E di enfatizzare l'importanza di seguire le cose positive, i buoni esempi, e evitare quelle negative. È un po' un modo, speriamo, di migliorare sia loro che il mondo.

Le passate generazioni che venivano dall'Italia in USA dovevano dimenticare il loro passato, e 'americanizzarsi'. Parlare italiano era da vergognarsi. E quindi i figli di italiani emigrati qui prima degli anni '60 non parlano più la nostra lingua. Ora gli americani ci accettano per come siamo, italiani.

Andrea e Pietro vengono visti come miti nella loro classe di americani. I loro compagni delle elementari gli chiedono come dire le cose in italiano (chiaramente le parolacce, soprattutto). Gli chiedono il panino con la nutella. O quello con la mortadella. Usi e costumi si mescolano. Speriamo che le cose migliori di ogni cultura restino.

I valori che ci circondano, del mondo in cui viviamo hanno un effetto notevole su come ci comportiamo. Le persone che ci circondano e il loro agire hanno una grande influenza su di noi. E quindi su quello che noi siamo. Sta a te decidere l'effetto che vuoi avere sul mondo, a chi ti vuoi confrontare. E soprattutto, dipende da te, da come ti comporti, quello che pensi di te stesso.

Aristotele nell'Etica Nicomachea scrisse: "Méson te kai áriston", cioè "Il mezzo è la cosa migliore". Orazio nelle Satire: "Est modus in rebus", cioè "C'è una misura nelle cose". I filosofi scolastici medievali il famoso: "In medio stat virtus." Occorre evitare gli eccessi, e cercare di trovare una via di mezzo. Spesso nella vita evitando gli eccessi ci si trova nel giusto.

Non è importante dove si vive, ma come si vive. Se sei felice, sposato, innamorato di tua moglie, soddisfatto al lavoro, sarai felice pure se non vivi su una spiaggia tropicale o in una mansion in una metropoli. Non me ne importa niente se mi chiamano Vincenzo o Vince. Sono sempre io. A pensarci bene, di soprannomi me ne hanno dati, negli anni, più di 30, e sono affezionato a tutti. I nomi o soprannomi non cambiano chi sono dentro.

L'oceano è stato senz'altro una barriera, ma solo geografica. Impedisce di uscire di casa e in meno di un'ora buttarsi nel mio mare Adriatico, amatissimo, e poter passare i weekend con i famigliari. Speravo nel Concorde, che Italia-Stati Uniti si potesse fare in 3 ore, e sempre per meno soldi. Invece...

La lontananza rafforza i sentimenti, rende le sensazioni più forti. L'amore è più forte a volte quando è lontano. Quando torno sono il figliol prodigo. Nessuno degli amici di Pescara è felice quanto lo sono io di buttarsi al mare e farsi una nuotata. L'acqua per me è vellutata, sempre della temperatura giusta. Mi ritempra, mi fa sentire bene. Loro parlerebbero di mucillaggine.

È passato un treno (gli USA) e ci sono salito sopra, senza accorgermene quasi. Stavo ancora guardando le possibilità dentro quest'occasione, non ero certo se questo treno sarebbe tornato indietro, o dove andava di preciso. Come sempre accade nella vita, no? Sono stato fortunato. Ho fatto il lavoro più bello del mondo. L'America ha fatto fruttare i miei talenti.

W l'Italia dei miei affetti e del sole. W l'America delle opportunità e della meritocrazia. Vivo il meglio dei due miei mondi. Entrambe sono le terre dei miei sogni. Non far sì che la paura e la mancanza di immaginazione soffochino i tuoi sogni. Così che sai già il giorno della tua nascita il posto esatto dove morirai e chi ti seppellirà. Volta gli occhi alle stelle, mantenendo i piedi per terra. Più desideri semini, più lavori per il loro avverarsi, più felicità raccogli. W la vita, e il mondo intero.

RINGRAZIAMENTI

Anna Berghella
Livia e Giulia Luzi
Paola Luzi
Nicoletta Mariotti
Roberta Oroni
Pier Luigi Santangelo

www.ingramcontent.com/pod-product-compliance
Lightning Source LLC
Chambersburg PA
CBHW031352040426
42444CB00005B/254